La solidez
de la alternativa Metódica
estructurante para una
Ciencia constitucional aplicada

Luis-Quintín Villacorta Mancebo

La solidez de la alternativa Metódica estructurante para una Ciencia constitucional aplicada

Dykinson, S.L.

Editorial DYKINSON, S.L. Meléndez Valdés, 61 - 28015 Madrid
Teléfono (+34) 91 544 28 46 - (+34) 91 544 28 69
e-mail: info@dykinson.com
http://www.dykinson.es
http://www.dykinson.com
Consejo Editorial véase www.dykinson.com/quienessomos

ISBN: 978-84-9031-984-0
Depósito Legal: M-11799-2014

«Ser incapaz de tomar demasiado tiempo en serio a los propios enemigos, los propios accidentes, incluso los propios errores: esa es la señal de las naturalezas fuertes, plenas, en las que existe por exceso el poder de formar, moldear, recuperar y olvidar».

(Friedrich Nietzsche)

«La "naturaleza" del ser humano no cambia. El abuso de poder constituye desde siempre el problema primero de la convivencia humana, mientras que el impedirlo completamente pertenece al reino de la Utopía».

(Hans-Georg Gadamer)

Para mis maestros, auténticos como tal, cual modo de ser, y por ello, naturalmente también maestros ahí, en (de) Derecho; de todo lo que sí, tenemos autoconciencia:

Pedro DE VEGA GARCÍA*;*
José-Juan GONZÁLEZ ENCINAR *(In memoriam);*
Friedrich MÜLLER.

Índice

1
La definitiva superación objetiva de la artificiosa e inservible metódica positivista para una Ciencia normativa práctica aplicada

«La forma lógica, el modo de expresiones en conceptos, juicios y relaciones de juicios, es en sí exterior al conocimiento. La intelección misma tiene poco que ver con esta forma».

(Nicolai Hartmann)

1.1. La obstinada persistencia en el positivismo normativista: ¡abandonémosle!

Para lo que nos importa ahora, señalemos que las diversas concepciones de Norma jurídica integradas con carácter genérico en el positivismo normativista, atrapadas definitivamente por tanto en las premisas de la filosofía de la conciencia y situadas fuera del ámbito de la experiencia en lo que sorprendentemente se considera sin embargo una renovación, han venido sosteniendo ajenas a su fracaso histórico la idea en lo fundamental de un control posible de la correcta aplicación normativa a través de cánones metodológicos desarrollados en el ámbito interno del transhistórico «sistema», aplicados luego al tratamiento subsuntivo, estricto y sistemático[1]. Expresado en términos genéricos, las diversas corrientes positivistas que van tomando entidad tanto semántica como estructuralmente a partir de la segunda mitad del siglo XVIII, y que oponiéndose al impulso correcto en cuanto tal se instalan en el ámbito jurídico al dar paso a la siguiente centuria[2], parten de representaciones fracasadas no casuales centradas en la manifestación del reconocimiento inequívoco acerca de que el único objeto posible para la Ciencia jurídica son las normas puestas –positivas– por un ente dotado de autoridad legítima y, por consiguiente, consideradas normas válidas; comprendidas plenas de contenido inmutable cual «*hontanar de la eterna natura*» y, que como tales, se integran en el ordenamiento. Pero, por ello mismo, desprovistas categóricamente de predicados de valor y, en lógica consecuencia, carentes de utilidad científica y práctica, al margen de que, muy a pesar de este crudo irrealismo en el que se asientan, se enmascare la cuestión mediante episodios lingüísticos sean tardo-platónicos sean de cualquier otro ocultamiento degenerativo, incluidas la teoría del discurso de corte analítico, neofrankfurtiana etc.

De hecho, a partir de esta perspectiva basada en relaciones «internas» de carácter retrospectivo y cognocivista –propiamente anticognoscivista– seguidora del ampliamente divulgado «viejo paradigma» del «derecho puro»[3], no se llega a una situación distinta e insostenible de la completa marginación de la normatividad jurídica subyacente a la realidad del ordenamiento y, sobre todo, a

[1] Entre otros momentos, nos hemos referido críticamente a este incomprensible ensimismamiento en Luis-Quintín VILLACORTA MANCEBO, «Preliminar», en: *Postpositivismo*, ed. de Friedrich Müller/ Luis-Quintín Villacorta Mancebo, Santander, TGD, 2008, pp. 3 y ss.

[2] Una descripción de este proceso de «recesión» es la efectuada entre otros muchos autores por Werner KRAWIETZ, del que puede verse su obra *Recht als Regelsystem*, Wiesbaden, Steiner, 1984, especialmente pp.110 y ss, y 166 y ss.

[3] Friedrich MÜLLER, «Unidad del ordenamiento», ahora en: *Postpositivismo*, ed. de Friedrich Müller/Luis-Quintín Villacorta Mancebo, Santander, TDG, 2008, pp. 197 y ss.

los problemas jurídicos precisados de solución en coordenadas naturalmente de validez jurídica. Eso sí, al margen de lo absurdo normativamente de tal modo de proceder, la «ventaja» de instalarse en este confortable «*columbario* de los conceptos», estriba en alejarse de los riesgos que siempre implica el intento de comprender, en cuanto permite situarse tanto al margen de la presuposición del querer preguntar como al deseo previo del querer saber, aspectos que remiten ambos a la voluntad de apropiarse de conocimientos; algo esencial del inicio del pensamiento social y de su eficacia, pues en caso contrario pecará de inautenticidad, por cuanto se aislaría por completo de los contenidos a los que necesariamente debe referirse. Sin embargo, la propuesta estructural de pasividad elaborada desde la desimplicada *téchne* epistemológica –propiamente *episteme*– de carácter mecánico seguida por el positivismo legalista a partir de mediados del siglo XIX, unido a su pertinente deducción «reproductiva» de lo dicho primitivamente, equivalente a considerar, desde una tan aparente como falsa objetividad, al «ejemplar» Norma jurídica –«completa»– como si de una preexistente estructura formal autónoma de núcleo inmutable se tratara, conlleva la tajante separación abstracta y general entre «Norma» y «Realidad». O bien, su conexión se entiende genéricamente en el mejor de los casos de naturaleza teórico-jurídica –aunque no sabemos muy bien cómo se articula conforme a semejante planteamiento–; en tanto la Constitución vendría a representar para el ideario liberal-positivista y naturalmente reductor-nacionalista «la coronación de un programa sistemático de codificación normativa»[4]. Y todo ello, al margen de que, de hecho, en el modo de ser práctico, como se quejara Alf Ross, la expresión semántica Norma, de tan frecuente uso en el ámbito del Derecho, se

[4] Bien apuntado en el sugerente análisis de José ASENSI SABATER, planteado a modo de repaso histórico-efectual de nuestra trayectoria constitucional, «Liberalismo y modernidad en el constitucionalismo español», en: *Cuadernos Constitucionales de la Cátedra Fadrique Furió Ceriol*, núms. 58-59, 2007, p. 79.

utiliza por la mayoría de los juristas sin haber definido en absoluto en qué consiste o a qué concepción de Norma jurídica se acoge quien la emplea[5]; cuestión distinta es que tal reconocimiento le conduzca no se sabe muy bien por qué a descalificar las posturas de quienes conciben inevitablemente en coordenadas de creatividad –del objeto– el modo natural de ser de la Ciencia jurídica[6].

Con todo, de realmente pretender el acceso a la comprensión de la estructura de la normatividad y su concreta significatividad, hemos de ser plenamente conscientes acerca de que, ausente por naturaleza en un inexistente horizonte ideal de saberes demostrables a los que se llega a partir de la decidida aceptación del «principio de inmanencia», únicamente puede ser captada y entendida en su pleno sentido de contenido como proceso estructural decisional a la búsqueda de la manifestación de su verdad inherente a cada caso en su auténtica originalidad[7], tomando críticamente en consideración la dimensión problemática de la peculiar relación o coimplicación existente en la realidad de la vida entre textos de derecho positivo y realidad material, atendido sea su dominio propio de cada ocasionalidad[8]. Pero no solo eso, de plantear las cosas conforme a los aludidos términos estáticos e improductivos, comprendidos desde nuestra consideración en sentido crítico a partir de la por demás necesaria toma de partido, lo esencial, lo peculiarmente propio [*Eigentümliches*] de la normati-

[5] Alf ROSS, *Directives and Norms*, London, Routledge & Kegan Paul, 1968, pp. 78 y ss.

[6] Alf ROSS, *Le Problème des sources du droit à la lumière d`une théorie* réaliste du droit, Paris, Recueil Sirey, 1934, p. 174.

[7] En el sentido de dejarse poseer por la verdad más que proceder a su búsqueda, como actitud intelectual empleada al objeto de enfrentarse con la realidad, véase Xabier ZUBIRI APALATEGUI, *El hombre y la verdad*, Madrid, Alianza,1999, pp. 160 y ss.

[8] De ahí que el intérprete constitucional deba ineluctablemente partir durante del proceso de concretización de la realidad de la vida, de la concreción de la existencia, comprendida esta sobre todo por lo que tiene de espiritual, en cuanto proceso unitario y renovador de la propia realidad sometida a la ley de su integración, Paulo BONAVIDES, *Curso de Direito Constitucional*, 20ª ed., São Paulo, Malheiros, 2007, p. 479.

vidad, algo determinante e inequívocamente de carácter estructural-procesual y material en su necesario *subtilitas*, paradójicamente, no va a permanecer incólume; al cabo, se ve claramente que habrá perecido por completo. Y ello, a partir de la suposición errónea o falacia positivista, precisará con fina sensibilidad Pedro de Vega en un clarividente análisis crítico de ese denostado positivismo jurídico-evolutivo, conforme a la cual, a similitud de las Ciencias naturales, se ha considerado que también en el ámbito jurídico cabe dar leyes generales y universales pretendidamente válidas para todo tiempo y lugar, pero carentes de conciencia e intencionalidad, algo ajeno por completo a la condición y sustantividad de una Ciencia social normativa que sucumbe definitivamente por esta vía en su carácter, y deviene imposible científicamente como la realidad nos enseña[9]. Nada se ha avanzado en sustancia, pues, desde las clásicas aportaciones voluntaristas y pragmáticas de Thomas Hobbes, incluso comprensibles en coherencia con el momento histórico y el contexto en el que se formulan, conforme a las cuales, «la ley es el mandato del legislador y el mandato es una declaración de voluntad», que naturalmente al intérprete no le es dado alterar[10].

En términos de hecho no distantes pero solo desde el punto de vista crítico, levanta inicialmente Ronald Dworkin su también obstaculizante discurso dualista principios/reglas frente al formalismo, que acertadamente considera

[9] Pedro DE VEGA GARCÍA, «El tránsito del positivismo jurídico al positivismo jurisprudencial en la doctrina constitucional», en: *Teoría y Realidad constitucional*, núm. 1, 1998, p. 66.

[10] Thomas HOBBES, *De Cive*, Madrid, Alianza Editorial, 2000; idea que reproduce múltiples veces en su quizá más clásico *Leviathan*, Con todo, debe dejarse brevemente constancia acerca de que Thomas Hobbes admitiría expresamente las posibilidades limitadas de la razón humana, por lo que serían las posiciones más extremas del empirismo de Bentham y del racionalismo de Leibniz, las encargadas de elevar a las máximas cotas las posibilidades poco menos que ilimitadas de la razón, remitimos para la cuestión al buen estudio debido a Pietro COSTA, *Il progetto giuridico. Ricerche sulla giurisprudenza del liberalismo clasico*, Vol. I, Milano, Giuffrè, 1974.

aquí sí encubre la teoría de la argumentación jurídica, y reprueba el autor el inmenso error en el que incurre en su propia estimación la reducción del Derecho a la estricta legalidad formal. Responsiva esta concepción legalista propiamente a un proceso de producción de justicia meramente fundamentado en el constante *a priori* con pretensiones de normatividad, que se muestra incluso en la idea de la discrecionalidad interpretativa[11], respecto del que ni siquiera va a ser posible posteriormente su perfeccionamiento con el objetivo de formular en la actualidad el Derecho «mejor posible» para la única solución de cada caso; en consecuencia, rechazará igualmente los planteamientos positivistas a partir de su crítica acerca de lo que denomina *«el aguijón semántico»*[12]. Adicionalmente, en el intento de controlar el subjetivismo y la correspondiente subjetividad solipsista inevitable, en buena medida su discurso teórico antimetafísico acerca del respeto a la integridad y la coherencia del Derecho así como la inescindibilidad entre interpretación y aplicación decisional, discurre en perspectiva ético-política, o más específicamente, su concepción jurídica general aparece fuertemente vinculada a una teoría política substantiva[13]; pero sigue soslayando sin embargo lo esencial de la normatividad, al terminar quizá sin advertirlo del todo desviándose hacia el enunciado de deducciones dialéctico-constructivas, extraídas en perspectiva lógico-psicologista más bien a partir

[11] De marcada presencia por ejemplo en su crítica al positivismo de Herbert-Lionel-Adolphus Hart, por medio de la que Ronald DWORKIN cuestiona los planteamientos del primero acerca de la discrecionalidad interpretativa, por ejemplo en su primera obra clásica, *Taking Rights Seriously*, pero donde repite equivocaciones positivistas aún en su crítica a estas, Cambridge, Harvard University Press, 1977.

[12] Cuestión en relación con la cual no sobresalen los análisis y en la que no pretendemos detenernos, a diferencia de lo que sucede con otros aspectos de la obra del autor bien estudiados; al respecto, una de la excepciones más notables la encontramos en Pablo-Raúl BONORINO, del que pueden verse sus aportaciones, entre otras, «El aguijón derrotable», en: *Analisi e Diritto*, 1999, pp. 17 a 34; y su «¿Cuál es el desafío de Dworkin?», en: *Anuario de Filosofía del Derecho*, Vol. XVII, 2000, pp. 157-178.

[13] Paul RICOEUR, *Le Juste*, Paris, Esprit, 1995, pp. 162 y ss.

de supuestas ideas constitutivas de proposiciones que del arranque a partir de estas en sí [*Sätze an sich*] al modo de lo reclamado por Bernhard Bolzano. En cualquier caso, olvidan tales perspectivas incluso la pretensión diferenciadora expuesta por Wilhelm Windelband –el jefe de la *Escuela de Baden*– entre Ciencias «nomotéticas» –orientadas a las leyes generales– y Ciencias «idiográficas» –orientadas a lo individual–[14], deslinde enmarcado claro está en el seno del neokantismo ortodoxo. Distinción que, desde su punto de vista, ha de atribuirse propiamente a razones de naturaleza metodológica en lugar de considerar las ontológicas; y, a juicio del autor, determinados fenómenos, sean naturales sean sociales, se repiten sistemáticamente dando lugar a leyes generales, lo que es propio de la ciencias nomotéticas, mientras otros gozan de tal suerte que realmente ocurren históricamente de forma irrepetible, de modo que solo pueden ser conocidos ideográficamente[15]. Aunque, como se ve, la fijación de postura es asimismo ajena a la especificidad de los fenómenos sociales y a la constatación de que la acción humana resulta inexplicable en términos biológicos, e incluso en inferior medida atendiendo a coordenadas termodinámicas; a lo sumo, podrá integrarse en estructuras sociales de superior profundidad y de carácter constitutivo[16], en cuya raigambre se fijaría Wilhelm Dilthey para enfocar el asunto de forma diferente, con objeto de mostrar la caracterización de las Ciencias

[14] Wilhelm WINDELBAND, *Geschichte und Naturwissenschaft* (1894), 3ª ed., Strassburg, Heitz & Mündel, 1904.

[15] Wilhelm WINDELBAND, *Geschichte und Naturwissenschaft...*, *op. cit.*, en varios momentos; distinción entre lo «general» y lo «único e irrepetible», a la que ingenuamente estimaba suficiente para desbaratar la dicotomía epistemológica propuesta por Wilhelm DILTHEY entre las llamadas Ciencias del espíritu [*Geisteswissenschaften*] y las Ciencias naturales [*Naturwissenschaften*], al tiempo que atribuyera las diferencias entre las mismas a cierta «unidad orgánica» existente en ambos conjuntos, como consecuencia de la peculiar relación entre «sujeto» y «objeto» surgida para cada contexto científico. *Introducción a las ciencias del espíritu*, 2ª ed., Revista de Occidente, Madrid, 1966.

[16] Robert-King MERTON, *Social Theory and Social Structure*, New York, The Free Press of Glencoe, 1957, pp. 6 y ss.

del espíritu inseparable de la «crítica de la razón histórica», a la que posteriormente elevará tenazmente a la categoría de principio pujante de estas frente a la sospechosa falta de crítica caracterizadora del positivismo. Porque, en efecto, como aclarara sin titubeos Karl Jaspers con apoyo en las propias exposiciones de Wilhelm Dilthey, las Ciencias naturales *explican* fenómenos, en tanto las Ciencias del espíritu se ocupan de la comprensión de tales [de los] fenómenos.

Ante las circunstancias someramente descritas, podemos decir resulta evidente que las conclusiones obtenidas mediante el proceder metódico normativista de enunciados y contextos formales de justificación, siempre van a consistir como máximo aporte en meras falacias dogmáticas de conocimiento provenientes de ideas preconcebidas, actuantes a partir de una especie de autointuición [*Selbstanschauung*] que prescinde de toda referencia a la realidad. Y, en el mejor de los casos, tan pobremente expresadas en coordenadas semántico-sincategoremáticas basadas en criterios ideales –no reales– que, innegablemente, resultan por su esencia eficazmente desnaturalizadoras de un saber jurídico inexorablemente práctico y del esfuerzo subyacente en orden a su comprensión; la cual, con todo, nunca se alcanza de forma definitiva por ser ello connatural al saber jurídico, conforme eficaz e incisivamente abrazara y desarrollara esta idea el muy prematuramente malogrado Bernd Jeand`Heur[17]. E, incluso, quizá sin advertirlo en numerosos casos, en términos tópicamente neutros dicho en sentido amplio, al denotarse con absoluta evidencia su actitud por completo carente de axiomatización[18], de suerte que, exacerbando el neutralismo

[17] Por ejemplo, véase la idea apuntada en diversos momentos por Bernd JEAND` HEUR, *Sprachliches Referenzverhalten bei der juristischen Entscheidungstätigkeit*, Berlin, Duncker & Humblot, 1989.

[18] La neutralidad axiológica constituyó un reclamo permanente de Hans KELSEN a lo largo de toda su obra, a modo de ejemplo: *Contribuciones a la Teoría Pura del Derecho*, México, Fontamara, 2003, pp. 136 y 137; *What is justice? Justice, Law and Politics in the Mirror of*

axiológico y teleológico, las diversas variantes normativistas han hecho prevalecer por encima de todo el principio de legalidad meramente formal, rebajando o simplemente ignorando la problemática crucial que afecta a la legitimidad y despolitizando groseramente, en cierto e interesado modo, las tareas del Estado[19]. Por mucho que, en el mejor de los casos, la descripción del modelo que en el desvarío descrito se dice reejecutar –a través de una misteriosa transposición psíquica, naturalmente nunca aclarada– pueda llegar a ser a modo de excepción constitutivamente excelente en su contenido; eso sí, dado este de forma ideal y previo a las respectivas aplicaciones concretas, siempre se expondrá en términos evidentemente metonímicos[20]. Vale decir, ausente la idea de autoconciencia existencial, los subsiguientes referentes semánticos pretendidamente autónomos y autárquicos distarán de aproximarse siquiera a los referentes jurídicos reales, al margen de que se constate mantengan con estos ocasionalmente una mayor o menor relación de contigüidad.

En cambio, el rechazo de este modelo de proceder puede ser advertirlo sin dificultad, si seguimos lo señalado perspicazmente por Pedro de Vega, mediante la observación –y teniéndola bien presente– de que la «Realidad» en modo alguno constituye una «orden fija», «fechada» y establecida de una vez para siempre, pues en nuestro mundo jurídico únicamente desde el primado de «la inconsecuencia más absoluta se podría esperar y predicar la coincidencia entre norma y realidad»; y, en consecuencia, la Constitución dista de poder entenderse «como entidad autónoma», toda vez venimos obligados a comprenderla contrariamente «como

Science - Collected essays, 3ª ed. Berkeley, University of California Press, 2004, entre otros momentos pp. 350 y ss; *¿Qué es la Teoría Pura del Derecho?*, México, Fontamara, 2006, pp. 29 y 30.

19 Paulo BONAVIDES, *Curso de Direito Constitucional…, op. cit.*, p. 155.

20 Thomas VESTING, «Staatslehre als Wirklichkeitswissenschaft? Zu Hermann Hellers Idee einer politischen Organisation der Gesellschaft», en: *Der Staat*, núm. 31, 1992, pp. 161 y ss.

realidad jurídica determinada y condicionada por la permanente acción creadora de la sociedad»[21]; y no olvidemos ya de entrada, para todo cuanto se diga a lo largo del trabajo, que la Realidad misma es siempre equívoca como por ejemplo sospechaba –o quizá más bien aceptaba– Edmund Husserl, algo que incluso terminó por resultar confirmado mediante la explícita rotundidad de un José Ortega y Gasset: «Yo no creo más que en el equívoco». Si el intérprete a partir de esa inconmovible y falsa seguridad normativista, ha de quedar claro, sigue predispuesto en su andadura reduccionista del espacio de reflexión a recaer plácidamente cuantas veces sea preciso en este autoengaño, y restringe estrictamente su tarea a la mera reproducción de lo expresado en realidad por el interlocutor al que se interpreta e insensatamente quiere comprender desde la distancia, de aceptar decimos el seguimiento de tal estela, la perspectiva asumida es radicalmente equivocada y carente de remisión por más vueltas que le hayan dado; e incluso hace completa dejación de la obligación comprensiva, en cuanto renuncia a verter su parecer de la «manera que le parezca necesaria» y, como no puede ser de otro modo, «teniendo en cuenta cómo es auténticamente la situación dialógica en la que solo él se encuentra como conocedor del lenguaje de las dos partes»[22].

Es cierto que los científicos, y en particular los filósofos, no están presentes lo suficiente en el débil debate social actual, más bien se encuentran casi siempre ausen-

[21] Pedro DE VEGA GARCÍA, «Mundialización y Derecho constitucional: la crisis del principio democrático en el constitucionalismo actual», en: *Revista de Estudios Políticos*, núm. 100, 1998, p. 50.

[22] Hans-Georg GADAMER, *Wahrheit und Methode. Grundzüge einer Philosophishen Hermeneutik*, obra básica para la comprensión del porqué del cuestionamiento definitivo de la primacía de la racionalidad científico-tecnológica en el ámbito de las Ciencias humanas, y que citamos conforme a la traducción de la cuarta edición alemana de 1975, Tübingen, Mohr Siebeck, aparecida en castellano con el título *Verdad y Método. Fundamentos de una hermenéutica filosófica*, Salamanca, Ediciones Sígueme, 1977, p. 379; obra que resume y formula a decir de Gianni VATTIMO «de modo emblemático» la crítica al cientificismo, *Ética de la interpretación*, Barcelona, Paidós, 1991, p. 206.

tes. Dicho sintéticamente, se hacen pocas preguntas, las realizadas son en general escasamente comprometidas y, por añadidura, se ofrecen apenas respuestas consistentes. Así las cosas, la lógica formal impera en el «tratamiento» de lo científico-social, incrustándose cada vez más en las universidades y centros superiores de investigación. Con todo, incluso el actual páramo no puede durar ya en exceso, pues la reflexión social a la altura necesaria de las exigencias sociales volverá a rebrotar, y desde luego vivirá al menos en la conciencia que existe en cada uno de nosotros si no permanecemos alienados y narcotizados, ya que, se quiera o no, hay una disposición natural e intrínseca del hombre a la comprensión. Lo que en el tiempo presente, y al menos en el futuro inmediato, es de una perentoreidad acuciante, por cuanto resulta de la máxima urgencia pensar a fondo «en el origen del perverso signo que ha terminado adoptando nuestro presente, el motivo por el que, en los Tiempos Modernos, las mejores intenciones han dado lugar a los más espantosos resultados»[23].

1.2. La aún explícita reivindicación [e incomprensible] del normativismo

Pese a existir en la comunidad científica un importante consenso externo –e insistimos en el carácter «externo» del distanciamiento, porque tenemos dudas acerca de que esa exactamente sea la convicción «internamente» dominante, al menos entre los juristas españoles– respecto del inevitable fracaso de tal empeño de carácter ahistórico, perspectivista y carente de expectativas, así como fatídicamente amnésico respecto de las consecuencias nocivas de todo ello derivadas, todavía hay en el horizonte metodológico importantes y ardorosos defensores de las tesis positivistas

[23] Manuel CRUZ RODRÍGUEZ, «Los filósofos y la responsabilidad moral», en: *Anuario de la Facultad de Derecho de la Universidad Autónoma de Madrid*, núm. 4, 2000, pp. 15-26.

del pseudo-entendimiento jurídico que cobran de vez en vez impulsos importantes. Ha de considerarse, por contra, que todo conocimiento consiste en juzgar, actividad que, claro está, mantiene a su vez una especial relación con el pensamiento, y es esto lo que verdaderamente importa. Se ha señalado con rigor en este sentido que en el juzgar viene definido el «subproducto del efecto liberatorio del pensar», y eso quiere decir, en realidad, que por medio de su capacidad crítica el pensamiento destruye normas, prejuicios o códigos tradicionales, y los prejuicios de los que todos somos portadores no son otra cosa diferente de los juicios formulados en periodos precedentes, mostrándose por tanto atrofiados, deriva de destrucción que bien se estima es propedéutica al juicio[24].

De este modo, entre los aludidos panegiristas podemos citar ejemplificativamente a uno de los filósofos del Derecho más renombrados de los últimos decenios, caso del altamente valorado desde diversos ámbitos Eugenio Bulygin, quien en fecha tan reciente como el año 2009 seguía mostrándose insensible incomprensiblemente frente al deshondamiento de la normatividad que inexorablemente trae consigo el positivismo jurídico y «firme partidario» del mismo, por cuanto en su estimación designa la «distinción entre la descripción del derecho positivo y su valoración como justo o injusto»; a cuya conclusión llega a partir del entendimiento de la Norma jurídica como estructura objeto de contemplación y percepción –«objeto de evaluación»– completamente independiente de la Realidad[25]. Posición de carácter restaurador –e incluso romántica en parte[26]–, ante lo que, sin hacernos falta seguir

---

[24] Hannah ARENDT, *The Life of the Mind*, Boston, Houghton Mifflin Harcourt, 1981.

[25] Eugenio BULYGIN, «Mi visión de la filosofía del derecho», en *Doxa. Revista de Filosofía del Derecho*, núm. 32, 2009, p. 107. En otros casos, no pocos, la salida del positivismo se ha hecho desde la postura del *anything goes* –todo vale– recordado por Paul FEYERABEND, *Diálogos sobre el conocimiento*, Madrid, Cátedra, 1991.

[26] El ligamen entre los patrones de la Ilustración moderna determinantes de la autocomprensión, pero precisamente a través de una ruptura

reflexionando más antes de volver sobre estas cuestiones, podemos apuntar señala genéricamente el fallo de la necesaria conexión entre el contenido ideal del juicio y la cosa real acerca de lo que se juzga, tergiversándose merced a ello la realidad efectiva del conocimiento, pues, para decirlo con José Ortega y Gasset, sin llegar a «darse cuenta» de lo que deben «darse cuenta», consideran quienes de este modo proceden que realmente ven su propio estimado ver, cuando en realidad observan por ejemplo «el caballo», la cosa real, siendo esto lo que ven y no otra cosa[27]. De ahí que con toda razón haya denunciado con clarividencia Imre Lakatos el profundo abismo que se abre entre las diversas imágenes ideales proyectadas por las Ciencias y la cosa real, en cuya exageración frecuente se llega incluso a la destrucción científica[28]. Adicionalmente, ignoran la necesidad de atender también a la comprensión de la

peculiar originada por el romanticismo, es evidenciado por Hans-Georg GADAMER, lo que se advierte muy claramente, sostendrá, «en el esquema básico de la filosofía de la historia que el romanticismo comparte con la Ilustración y que llega a ser premisa intocable precisamente por la reacción romántica contra los propios planteamientos ilustrados: el esquema de la superación del *mythos* por el *logos*», *Verdad y Método...*, *op. cit.*, p. 314.

[27] Recordemos que el pensador español propuso incluso eliminar el término *cogitatio* de la filosofía fundamental, por cuanto considerara la inexistencia de una realidad consistente en ser inmediata a sí misma. Ahora bien, dicho sea de paso, dudamos que en este tema José ORTEGA Y GASSET se librara de la consignas cartesianas, en el sentido de que siempre conoceremos mejor lo puesto por nosotros mismos y lo que somos, principio de cientificidad asumido paradójicamente por el mismo Giambattista VICO, como nos ha recordado en alguna ocasión el propio maestro bávaro. Por cuanto la Historia, al ser producto de nuestra acción, resulta más cognoscible que la naturaleza, toda vez el ser de esta es algo completamente exterior; sin embargo, tal como iremos viendo, Hans-Georg GADAMER cuestiona el principio que se propone a partir del napolitano para las Ciencias históricas, puesto que asimismo en la Historia observa hay algo dado, esto es, lo ya hecho nos es dado, y será preciso comprenderlo/interpretarlo, con lo cual, cabe incluso decir que todos y cada uno somos en cierta manera extraños para nosotros mismos.

[28] Véase Imre LAKATOS, *La metodología de los Programas de investigación científica*, Madrid, Alianza, 1993, obra que denuncia con claridad el dislocamiento de la problemática científica en la que nos hallábamos.

problematicidad de lo negativo, de la efectividad de lo que la cosa o la idea no es, tal como Georg-Wilhelm-Friedrich Hegel nos alertara con belleza y claridad por el momento insuperables, e insistiera singularmente Martin Heidegger de modo en igual medida preciso; pero esto último significa de suyo, conviene reiterar, que no hay superación ni alternativa alguna para obrar de otro modo en el ámbito científico-social.

Con el avanzar del tiempo, ante la necesidad de ofrecer una salida de la situación completamente desfondada en las que se hallan las diversas perspectivas ensayadas por la vulgar metafísica propia de la metódica normativista, al lado de otras variantes propuestas, se ha establecido la distinción que nada altera entre positivismo jurídico *lato sensu* –opuesto al iusnaturalismo– y positivismo jurídico *stricto sensu* –opuesto al moralismo jurídico–; a su vez, dentro de este último, se distinguirá entre el positivismo jurídico inclusivo –que acepta la influencia moral en orden a la existencia y el contenido del Derecho[29]–, y el positivismo jurídico exclusivo –defensor de la tesis conforme a la cual el Derecho resulta exclusivamente de hechos sociales–, además de otras distinciones específicas procuradas en el ámbito del positivismo jurídico *stricto sensu* que cierran igualmente todas ellas la puerta a las perspectivas del correcto enfoque de la realidad jurídica. Más modernamente, el propio Eugenio Bulygin, surcando nuevamente el mar muerto sin salida propio de la irreflexiva y ligera deriva positivista aferrada a la reconstrucción y reejecución del contenido de conceptos –ignorando sin embargo en todo momento que el concepto tiene su determinación fuera de sí[30]–, establece la siguiente

[29] Uno de los ejemplos más serios que conocemos en esta línea es el trabajo de Jules L. COLEMAN, *The Practice of Principle: In Defence of a Pragmatist Approach to Legal Theory*, Oxford, Oxford University Press, 2001; y entre los de frecuente cita últimamente el debido a Wilfrid J. WALUCHOW, *Inclusive Legal Positivism*, Oxford, Clarendon Press, 1994.

[30] Se tiene realmente a Georg-Friedrich Puchta por el fundador de la clásica jurisprudencia de conceptos surgida en el siglo XIX, abriendo con ello camino para el formalismo, el cual se iría paulatinamente afirmando durante más de un siglo. La originalidad del autor, con independencia de la

síntesis realizada a través de juegos intelectuales de mayor o menor ingenio, tarea –la que desarrolla– naturalmente también obstructiva del conocimiento y modo de ser jurídico, al relacionar el ideal de la Ciencia jurídica positivista con cuatro tesis fundamentales que enuncia: «(1) la separación tajante entre ser y deber ser; (2) la concepción no cognoscivista de los juicios de valor y de las normas como prescripciones que no son ni verdaderas ni falsas; (3) la tesis de la positividad del derecho, es decir, que todo derecho es derecho positivo en cuanto creado y aniquilado mediante actos humanos; y (4) la distinción tajante entre descripción y prescripción o valoración, entre razón y voluntad, entre conocimiento y creación del derecho, entre ciencia del derecho y política jurídica»[31].

E inclusive autores situados en las coordenadas del propio positivismo, guiados por el noble intento de salir de la aporía[32], han sostenido con aparente superior precisión que el sistema jurídico no está integrado exclusivamente por normas jurídicas (*sic.*)[33]. Por su parte, la fór-

valoración que nos merezca, se muestra mediante la contribución de la propuesta de un sistema lógico al estilo de una «pirámide» jurídico-conceptual construida según las reglas de la lógica formal, y conforme a la que un concepto inferior debería necesariamente subsumirse en un concepto superior hasta llegar al concepto supremo del cual se deducen todos los otros. De modo que arrancando del primero cada uno es el encargado de co-determinar a través de su contenido, los restantes, pero no derivaría del derecho positivo sino que debería ser dado por la Filosofía del derecho, Bernhard WINDSCHEID, *Lehrbuch des Pandektenrechts*, 9ª ed., Frankfurt am Main, Rütten & Loening, 1906, p. 54, entre otros momentos; y bien recordamos todos que para el propio autor la «ley» sería expresión de una voluntad racional y no del puro arbitrio, razón por la cual la interpretación vendría obligada a privilegiar y extraer «el sentido al que el legislador quiere dar expresión, o su verdadero pensamiento: debe apenas ajustar la expresión insuficiente de la ley al sentido realmente pensado por el legislador, más aún, imaginar incluso el pensamiento que el legislador no pensó a tal fin».

[31] Eugenio BULYGIN, «An Antinomy in Kelsen's Pure Theory of Law», en: *Ratio Iuris*, núm.3, 1990.

[32] Vamos a dar por bueno que sea así, en líneas generales, pero, a veces, hasta.... hacen dudar al más crédulo.

[33] Es el caso, desde su positivismo excluyente, de Joseph RAZ, por ejemplo *The Concept of a Legal System. An Introduction to the Theory of*

mula configuradora de una quíntuple significación del positivismo propuesta por el considerado poco menos que el eximio jurista por excelencia de las últimas décadas, nos referimos a Herbert-Lionel-Adolphus Hart, tan universalmente conocida como falta de enjundia, es meramente analítica e inútil, y concluye el autor descubriendo «la cuadratura del círculo jurídico» identificándola con un ordenamiento comprendido como sistema cerrado a partir del cual el contenido de las preestablecidas normas jurídicas se deduce mediante el empleo del razonamiento lógico[34]. Estamos predispuestos, de todos modos, a admitir el reconocimiento en favor del autor del mérito que corresponde a su tan justificada como dura crítica de los postulados defendidos por John Austin, conforme a los cuales, el Derecho debe comprenderse como un conjunto de «órdenes basadas en amenazas», tesis que evidencia su decida insuficiencia en orden a la finalidad de determinar y esclarecer la generalidad así como la permanencia y heterogeneidad de las leyes; pero hemos necesariamente de rechazar, por cuanto de imposible realización, la distinción que al tiempo establece entre las perspectivas internas –la Norma jurídica como razón para la acción– y las externas, sean estas moderadas sean extremas –la Norma como signo de la acción–, que se corresponde respectivamente, bien es sabido, con la posición de los participantes y observadores[35]. Asimismo, vale la pena mencionar sobre

Legal System, 2ª ed., New York, Oxford University Press, 1980, especialmente pp. 169 y ss; y más próximo en el tiempo «Incorporation by Law», en: *Legal Theory*, Vol. 10, 2004, pp. 1 y ss.

[34] Herbert-Lionel-Adolphus HART, «Positivism and the Separation of Law and Morals», en: *Harvard Law Review*, Vol. 71, núm.4, 1958, pp. 593 y ss; eso sí, admite que el Derecho constituye una institución social. Por el contrario, una articulada crítica del Derecho como entidad cósica existente de una vez y para siempre desde su formación, esto es, como algo que se puede aprehender cual de si de un objeto delimitado se tratara, en lugar de su correcta comprensión como acontecimiento permanente, puede verse en el artículo de Vittorio MATHIEU, «Il Manifesto di un movimiento ermeneutico universale», en: *Filosofia*, 1992, pp. 199 y ss.

[35] Las deficiencias de la distinción apuntada en el texto han sido bien observadas por diversos autores, entre otros, es el caso de Stephen R. PERRY,

todo algo puesto de relieve en varias oportunidades por el «pensador» Friedrich Müller[36], como es el hecho de que el gran clásico del Derecho público del entrecruce de los siglos XIX-XX, nos referimos a Georg Jellinek, admitiría que las normas jurídicas son algo que debe ser realizado por la acción humana ininterrumpida debido a la inercia propia de la materia, y que las instituciones jurídicas dependen de constantes procesos volitivos[37].

En fin, otro tanto similar a lo anterior cabe decir, en sentido crítico y simplificado, de posiciones neopositivistas crepusculares de la interpretación temporalmente próximas a nosotros que dicen ser realistas, cual es ejemplificativamente la de Michel Troper, quien considera que previo a la interpretación de lo enunciado por los textos positivos la Norma jurídica carece de existencia cual modo de ser, pero ante la irreversibilidad del estado al que ha llegado el sofocante concepto de normatividad que le sirve de fundamento para la teorización, centra la actividad del jurista exclusivamente en la atribución de significado a los textos con olvido de la realidad[38]. Perspectiva que incrementa la sensación de haberse llegado a un estado final irreversible de las experiencias de matriz positivista que, obviamente, tampoco por esta vía logran librarse de su propia «agonía del fin»; y quizá debido a ello, el autor precitado admite en otro momento que esta perspectiva suya se halla muy próxima a la kelseniana, conforme a la cual, lo decisivo consiste en que antes de la

«Hart's Methodological Positivism», en: *Legal Theory*, núm. 4, 1998, pp. 440 y ss.

36 El calificativo, plenamente acertado, procede del maestro brasileño del Derecho Constitucional Paulo BONAVIDES, vertido en su artículo «Teoria estructual do Direito, de Friedrich Müller», en: *Revista de Direito Constitucional e Ciencia Politica*, núm. 2, 1984, p. 249, donde destaca que por lo referido al gran jurista alemán no estamos precisamente frente un «expositor» sino ante un reputado «pensador».

37 Georg JELLINEK, *Allgemeine Staatsrechtslehre*, 3ª ed., Darmstadt, Aalen, 1960, entre otros momentos, pp. 184 y ss.

38 Michel TROPER, «Una teoría realista dell`interpretazione», en: *Materiali per una Storia della cultura giuridica*, núm. 2, 1999, pp. 473 y ss.

aplicación resulta necesario proceder a la interpretación, y mediante esta última se lleva a cabo la determinación de la Norma jurídica contenida en el texto[39].

1.3. El agravamiento de las insuficiencias propias de la falacia positivista en lo referido a la comprensión del Derecho Constitucional

Indudablemente, digámoslo de nuevo, el planteamiento propio de la metodología jurídica positivista –propensa a la sistematización textual y a la totalización– debe darse por definitivamente superado con carácter general, ante lo insostenible de sus propias consecuencias, aunque entre nosotros en verdad tal superación sea por el momento y en buena medida solo de índole teórico-retórica[40]. Cierto, esta necesidad ya viene siendo reconocida en el plano teórico por la literatura jurídica de forma mayoritaria, a buen seguro porque tal incontestable cuestionamiento tanto en lo tocante a su planteamiento como en lo referido a su contenido y la pertinente inutilidad de la metódica positivista se acusa en muy superior medida al tratar de las vicisitudes específicas y propias de la *concretización* de un Derecho, el Constitucional, pavorosamente dependiente del cambio político-social a tenor de su finalidad, a lo que se auna su extremada apertura estructural. El sentido político de una Constitución en la historia, expondrá una vez más modélicamente Friedrich Müller, «es ser un orden

[39] Entre otros momentos, Michel TROPER, «Kelsen, la théorie de l`interprétation et la structure de l`ordre juridique», en: *Revue internationale de Philosophie*, núm.138, 1981, pp. 518-519.

[40] Pero no solo entre nosotros, porque el reconocimiento del «señorío del positivismo» en sentido amplio es reconocido por Gustavo ZAGREBELSKY, *La virtud de la duda*, Madrid, Trotta, 2012, p. 50. Y en términos no distantes, aunque mostrándose al parecer considerablemente complacido con tal situación, se expresa Armin VON BOGDANDY, «Historia y futuro del Derecho Constitucional en Europa», en: *El Derecho Constitucional en el espacio jurídico europeo*, ed. de Armin von Bogdandy/Pedro Cruz Villalón/Peter M. Huber, Valencia, Tirant lo Blanch, 2013, p. 179.

fundamental determinante de una determinada comunidad, comprendidas en ella sus fuerzas divergentes», e «incumbe al Derecho Constitucional cimentar la comunidad estatal y su orden jurídico considerados globalmente», integrado por ámbitos de regulación constitutivos de una especie de «red de mallas anchas y fundamentalmente políticos, expuestos sobre manera a mudanzas históricas», en fin, «engendrados por el Derecho en un grado mínimo»[41]. Es así que de modo significativo, en la comprensión del mismo el *modus deficiens* positivista salta de inmediato al primer plano, dada la tarea de incomparable superior complejidad que surge en este supremo ámbito jurídico por comparación a la desarrollada en otras áreas jurídicas caracterizadas por la presentación de nexos normativos de superior concreción y más densamente elaborados[42], o en no precisamente inferior medida, la trascendencia que supone y subsiguientes riesgos ocasionados debidos al empleo de una metodología impropia que permita imposiciones de realidades inconstitucionales haciéndolas pasar desgraciadamente para quienes las sufren por auténticamente constitucionales.

Así las cosas, entre otros muchos autores, apunta indudablemente en esta dirección Paulo Bonavides que los cánones más tradicionales de todos sabidos: gramatical, lógico, sistemático e histórico, son en buena medida rebeldes a la influencia de los valores, neutros en su aplicación, y por ello mismo, impotentes e inadecuados en particular para la comprensión jurídica en materia de Derechos Fundamentales cuyos ámbitos materiales son los más vinculados a la realidad[43], y se impregnan fuertemente en su estructura y contenido de las peculiaridades más impor-

[41] Friedrich MÜLLER, *Métodos de trabajo del Derecho Constitucional*, Madrid, Marcial Pons, 2006, p. 257.

[42] Friedrich MÜLLER, *Strukturierende Rechtslehre*, 2ª ed., Berlin, Duncker & Humblot, 1994, pp. 31 y ss.

[43] Friedrich MÜLLER, *Die Positivität der Grundrechte. Fragen einer praktischen Grundrechtsdogmatik*, 2ª ed., Berlin, Duncker & Humblot, 1990.

tantes lo que les confiere un carácter de acusada especificicidad, habida cuenta no en vano integran el verdadero *ethos* político –por su propia naturaleza sumamente lábil y fluido– de la asociación comunitaria constituida en Estado[44]. Comunidad Política organizada conforme a parámetros que estallan haciendo añicos cualquier intento de comprensión a partir de los parámetros expuestos por el «nacionalismo-positivista» propio de los juristas «adictos al sublimizado sistema y al ordenamiento» pero cerrados a cualquier realidad dimanante de la vida social, por emplear los términos apropiados y gráficos de Bruce A. Ackerman; y no en inferior medida a la idílica plenitud hermética de rancio sabor historicista-savignyano, de la que el propio autor se encargaría de manifestar que «la duda consiste en saber dónde se debe buscar el complemento»[45]. De este modo, dada su «estructura de carácter» extremadamente abierto y práctico y, por tanto, receptáculo de innumerables posibilidades en el *a priori*, demanda el Derecho Constitucional en su correlato comprensivo/aplicativo técnicas o medios distintos o superadores del deductivismo subsuntivo, sin duda y a ser posible de carácter hiperadaptable e hiperflexible, cuya construcción se ha venido generando en gran medida con el auxilio de la nueva Hermenéutica[46]. Ello supone aceptar una visión que con frecuencia reitera Gianni Vattimo aludiendo a que la Hermenéutica ha logrado convertirse en la *koiné* espiritual –y, por ende, científico-social– de nuestra época, y si bien la *Teoría Estructurante del Derecho* no se pronuncia expresamente así respecto de estos parámetros de actualidad,

[44] Rudolf SMEND, «Staatsrechtslehrertagung», en: *Archiv des öffentlichen Rechts*, núm. 13, 1927, p. 105.

[45] Friedrich-Carl VON SAVIGNY, *System des heutigen römischen Rechts*, Bd. I, Frankfurt am Main, Vico Verlag, 2008, p. 195, a lo largo de cuya obra se pone sin embargo varias veces de manifiesto la aporía de su propio «coherente» planteamiento, al admitir la necesidad del recurso en ocasiones a argumentos correctores situados fuera del contexto y de los fundamentos legales.

[46] Paulo BONAVIDES, *Curso de Direito Constitucional...*, *op. cit.*, p. 592.

tampoco en momento alguno ha terminado por sumarse a quienes consideran tienen a su alcance razones suficientes para discutirlo –aunque cuanto más lo discutan, prosigue el esmerado análisis del turinés, superior peligro correrán de verse absorbidos en esa *koiné*–. Pero, expresado con mayor o menor razón, toda vez ciertamente se está identificando la incuestionable *actualidad* de la hermenéutica de la facticidad y su polivalente adaptabilidad[47], no se mueve el preciso *proyecto estructurante* debido a Friedrich Müller incómodo en sus proximidades, e incluso para algunos de nosotros hay importantes terrenos de tangencia a los que brevemente hemos pretendido ir aludiendo y proseguiremos en ello para dar expresión de la misma.

Ha de contemplarse, por lo tanto, que comporta el Derecho Constitucional exigencias particulares propias en orden a su comprensión temporal radical y resuelta, debido a su naturaleza, a la funcionalidad y axiología de sus textos positivos que reflejan a su vez el orden de valores de esa aludida Comunidad organizada en *Pólis*[48], así como en atención a la estructura sumamente elástica de los mismos orientada a la apertura al tiempo y consecuente adaptación a la dinamicidad social acelerada[49]; o, expresado por ejem-

---

[47] Jean GRONDIN, *Von Heidegger zu Gadamer. Unterwegs zur Hermeneutik*, Darmstadt, Wissenschaftliche Buchgesellschaft, 2001.

[48] Para decirlo por todos con Massimo LUCIANI, «Interpretazione costituzionale e testo della Costituzione. Osservazioni liminari», en: *Interpretazione costituzionale*, ed. de Gaetano Azzariti, Torino, Giappicheli, 2007, p. 46; así como en «L'interprete della Costituzione di fronte al rapporto fatto-valore. Il testo costituzionale nella sua dimensione diacronica», en: *Diritto sociale*, 2009, pp. 22 y ss. Y también Gustavo ZAGREBELSKY entenderá que la comprensión constitucional viene obligada a ser ciertamente una actividad guiada «*dalla norme costituzionali ma non legata a una meccanica applicazione di esse*», por cuanto necesitada de un grado elevado de «*attività creatrice*», «La giurisdizione costituzionale», en: *Manuale di diritto pubblico*, ed. de Augusto Barbera/Giuliano Amato, Vol. II, Bologna, Il Mulino, 1997, p. 472.

[49] Indudablemente, con objeto de la mejor adaptación posible al «*mutamento*» social, conforme recientemente se analiza por Luciano PATRUNO, *L'elasticità della Costituzione*, Torino, Giappichelli, 2012, pp. 24 y ss, entre otros momentos.

plo de la mano del «*Justice Holmes*», resulta inevitable el «abandono de la búsqueda del significado auténtico de las normas constitucionales y su sustitución por el acomodo de los principios constitucionales a las necesidades sociales y a los valores mutantes de cada momento histórico»[50]. Y, si es así, en el ámbito del mismo resulta fácilmente evidente la impracticabilidad de la realización del análisis de los problemas comprensivo-aplicativos a partir de un enfoque exclusivamente técnico-jurídico desarrollado mediante el empleo de medios silogístico-subsuntivos, articulándose tal operación al margen de su inserción histórica y sin considerar las complejas e inacabables vertientes políticas pletóricas de «intencionalidad»[51], especialmente cuando en el actual contexto se trata de la comprensión de los Derechos Fundamentales –su núcleo esencial– en coordenadas eficaces de contemporaneidad normativa; cuya validez jurídica, «esto es, su densidad normativa de regulación y control, depende, sin duda, no solo de la literalidad de la Constitución, sino también de en qué ámbito del Estado van a ser concretizados y actualizados»[52]. Y no en último lugar de importancia, complica la situación para el correcto tratamiento metódico el contexto histórico-concreto que condiciona el actual modo de ser ahí del Derecho Constitucional que le es propio, en el cual se detecta una «interactuación productiva» entre el Derecho Constitucional nacional y el Derecho Constitucional europeo[53], si bien, la Unión Europea presenta todavía una estructura político-jurídica que evidencia aún ese notable déficit de

---

[50] Francisco FERNÁNDEZ SEGADO, «El *Justice* Oliver Wendell Holmes: «*The Grear Dissenter de la Supreme Court*», en: *Teoría y Realidad constitucional*, núm. 25, 2010, p. 149.

[51] Gilberto BERCOVICI, «Constituição e Política: uma relação difícil», en: *Luanova*: *Revista de Cultura e Política*, núm. 61, 2004, especialmente pp. 7 y ss.

[52] Por todos, Hans-Peter SCHNEIDER, *Democracia y Constitución*, Madrid, CEC, 1991, p. 76.

[53] Francisco BALAGUER CALLEJÓN, «La contribución de Peter Häberle a la construcción del Derecho constitucional europeo, en: *Revista de Derecho Constitucional Europeo*, núm. 13, 2010, p. 195.

Constitución y de constitucionalismo a corregir, y del que atinadamente se habla[54].

Insuficiencia reflejada de modo paradigmático –razón que justifica nuestra insistencia– por la desesperante y desesperanzadora búsqueda kelseniana de objetividad plena y su pertinente inexactitud transida por los vericuetos del neokantismo, vereda ineludiblemente conducente a la falta de sentido intersubjetivo contextual, consecuencia derivada del pretendido purismo de método al que se considera la única regla suprema para el hallazgo de toda verdad por una Ciencia jurídica que describe normas a través del puro conocimiento[55], y de su consiguiente concepción de Ciencia normativa en cuanto capaz de llevar a cabo la ordenación material de la Sociedad por medio de categorías formales de naturaleza exclusivamente intelectual, de las que únicamente ha de ocuparse el jurista aislado en su «celda» con la sola compañía de una ultrafinísima «máquina pensante»[56]. Todo lo cual, conduce a caer de hecho en una monumental ontología pseudo-metafísica desconocedora de lo que hay en juego, bien intuida por Hermann

[54] Gregorio CÁMARA VILLAR, «Perfiles históricos del Derecho Constitucional Europeo», en: *Revista de Derecho Constitucional Europeo*, núm. 11, 2009, pp. 209 y ss; y, con carácter previo, en términos similares José-Antonio PORTERO MOLINA, «Legitimidad democrática y Constitución europea», en: *Revista de Derecho Constitucional Europeo*, núm. 3, 2005, pp. 11 y ss. Por lo que hace específicamente a los déficits referidos al insuficiente tratamiento científico deparado a los Derechos Fundamentales comunitarios, por todos últimamente remitimos a y abogando por su necesidad conforme hace Gerhard Kühling en su artículo «Fundamental Rights», citado por Guillermo ESCOBAR ROCA, «Elementos de una Teoría europea de los Derechos Fundamentales», en: *Revista catalana de dret públic*, núm. 37, 2008, p. 375.

[55] Según acertadamente ha reprochado Francesco VIOLA, «Tre forme di positivita nel diritto», en: *Diritto positivo e positivita del diritto*, ed. de Giusseppe Zaccaria, Torino, Giappichelli, 1991, p. 316; «pura percepción» que, de otro lado, magistralmente ridiculizaran para las Ciencias sociales tanto Max Scheler como Martin Heidegger.

[56] Expresión recogida en el conocido comentario cargado de ironía y debido a la autoría de Hermann-Ulrich KANTOROWICZ, «La lucha por la Ciencia del derecho», en: *La ciencia del derecho*, Buenos Aires, Losada, 1949, p. 330.

Heller durante el debate a que diera lugar el denominado conflicto metodológico[57], por medio de la articulación de su pertinente crítica centrada en la inautenticidad caracterizadora del punto sin retorno propio del positivismo kelseniano, principalmente advertida a través de la línea genética proveniente de la *Escuela de Marburg* y el correspondiente unilateral entendimiento del carácter meramente científico de la «experiencia»[58]. Neokantismo cultural que llega inclusive a traicionar los propios postulados del kantismo, que si bien insuficientes, desde el entendimiento puro de la lógica trascendental, recordemos contribuyen a la comprensión de que el entendimiento en su unidad constitutiva desde la razón, es la actividad adicionada y de complemento de la pasividad caracterizante de la sensibilidad, a la que viene a complementar y se denomina espontaneidad[59]; todo lo cual es por completo ajeno al normativismo.

El debate surgido en la Alemania de Weimar, fundamentalmente con ocasión del desplazamiento del principio monárquico en su carácter de fundamento legitimador del poder a favor del principio democrático, mostró a

[57] Un resumen clásico y riguroso es el de Ulrich SCHEUNER, «Die Vereinigung der Deutschen Staatsrechtslehrer in der Zeit der Weimarer Republik», en: *Archiv des öffentlichen Rechts*, núm. 13, 1972, especialmente pp. 368 y ss; posteriormente, puede verse el esmerado y clásico análisis del denominado conflicto metodológico weimariano realizado muy profunda y ordenadamente por Manfred FRIEDRICH, «Der Methoden und Richtungsstreit», en: *Archiv des öffentlichen Rechts*, Bd. 102, 1977, pp. 161 y ss; y más próximo en el tiempo también ha trabajado con dedicación la cuestión y con indudable rigor Wolfgang MÄRZ, «Der Richtungs – und Methodenstreit der Staatsrechtslehre», en: *Geisteswissenschaften zwischen Kaiserreich und Republik*, ed. de Knut-Wolfgang Nörr/Bertram Schefold /Friedrich Tenbruck, Stuttgart, Franz Steiner, 1994, pp. 75 y ss.

[58] Muy sugerente al respecto el sólido artículo de Thomas VESTING, «Aporien der rechtswissenschaftlichen Formalismus - Hermann Hellers Kritik an der Reinen Rechtslehre», en: *Archiv für Rechts und Sozialpolitik*, Bd. 77, núm. 3, 1991, pp. 348 y ss.

[59] Immanuel KANT, *Kritik der reinen Vernunft – Grundlegung zur Metaphysik der Sitten*, aparecida en 1781, y de la que hemos consultado la ed. de Wilhelm Weischedel, Frankfurt am Main, SuhrkampVerlag GmbH, 2010.

lo largo de su transcurso cómo desde diversos ángulos a su vez muy distintos factores contribuyeron a extender la impresión de que por la vertiente positivista cada uno incomprensiblemente hilará internamente al modo preplatónico su propia fábula sobre el contenido y significado de la normatividad y la validez jurídica pensadas abstractamente, pero sin llegar al acceso real del contenido de la misma que quiere un compromiso del saber con lo concreto. Inmóvil y ahistórica perspectiva que, por lo referido al Derecho Constitucional, no puede agotada desembocar en un delta distinto del constitutivo de una teoría formal de la Constitución, con lo que nos moveríamos en el ámbito de la apariencia aferrados a un error de monumentales dimensiones y al tiempo de tremendas consecuencias sociales que nunca bien se han explicado. Modo de ser cuya única virtud estribaría en la capacidad de «adaptarse» –acomodarse– a los distintos cambios históricos, pero cuya dimensión opresiva siempre se halla en oposición a las virtudes emancipadoras abiertas por la modernidad y aquí decididamente olvidadas. O, en el mejor de los casos, presupone la hueca concepción de la Constitución integrada mediante preceptos normativos completos, cuya incoherente aplicación se reduce al desarrollo de una operación lógico-deductiva de mandatos plenamente prefigurados *ab initio*, a un acto de subsunción carente de cualquier componente creador, por lo que se hace coincidir por entero el sentido formal con el sentido –contenido– material de la Constitución que queda supeditado al primero[60]; precisamente, debido a estos rasgos caracterizadores de un planteamiento: inmovilista, ahistórico, geométrico, alzaría Edmund Husserl su pronunciamiento acerca de la crisis de las Ciencias sociales en Europa[61]. Cuya comprensión en cuanto tal –tanto del alcance de la crisis como del contenido válido de las Ciencias sociales– es hoy más que nunca problemá-

[60] Conforme señala Paulo BONAVIDES, *Curso de Direito Constitucional...*, *op. cit.*, pp. 148-149.

[61] Edmund HUSSERL, ahora en castellano, *La crisis de las Ciencias europeas y la fenomenología trascendental*, Barcelona, Crítica, 1991.

tica en grado supremo, pues para expresarlo en términos althusianos, la complejidad social postmoderna obedece a un elevado número de realidades constitutivas de contextos abigarrados donde se producen y reproducen a un tiempo procesos históricos y conceptos fuertes, hegemónicos, que surgen para reflexionar y operar sobre dichos procesos, presentándose al observador inmediato bajo la forma de instituciones distintas y especializadas[62].

Pues bien, nos parece que esto a lo que terminamos de referirnos está fuera de cualquier duda razonable, porque como muy atinadamente señalara Hans-Georg Gadamer, nuestras propias consideraciones y la auténtica confrontación interna con ellas nos obliga a reconocer «que en la comprensión siempre tiene lugar algo así como una aplicación del texto que se quiere comprender a la situación actual del intérprete», y, en tal sentido, venimos forzados «a dar un paso más allá de la hermenéutica romántica, considerando como un proceso unitario no exclusivamente el de comprensión e interpretación, sino también el de la aplicación»[63]. Específicamente, según el autor precitado admite, se podría decir que la importancia de la hermenéutica jurídica radica en el hecho de ejercer «una especie de función modélica»; además, como cristalinamente aclara, no habrá nunca ningún lector que «con un texto ante sus ojos, lea simplemente lo que pone en él. En toda lectura tiene lugar una aplicación, y desde la admisión de este eje central a nuestros efectos el que lee un texto se encuentra también él dentro del mismo conforme al sentido que percibe», por lo que finalmente está «claro el sentido de la aplicación que aparece en toda forma de comprensión. La aplicación no quiere decir en modo alguno plasmación ulterior de una generalidad dada, comprendida primero en sí misma, a un caso concreto; ella es más bien la verdadera comprensión de la generalidad que cada texto dado viene a ser para nosotros, con lo cual, la diferencia con el modo de proceder

[62] Louis ALTHUSSER, *Ideología y aparatos ideológicos del Estado*, Buenos Aires, Ediciones Nueva Visión, 1974, pp. 27-28.

[63] Hans-Georg GADAMER, *Verdad y Método...*, *op. cit.*, p. 379.

metódico de las Ciencias naturales carentes de "conciencia-de" ya no admite ulterior discusión. La comprensión es una forma de efecto, y se sabe a sí misma como efectual»[64]. Y ha insistido a lo largo y ancho de su dilatada obra acerca del carácter esencial de la aplicación en atención a que constituye el verdadero núcleo de la comprensión, lo que se complementa con su no inferior proverbial sentencia: «Siempre se comprende de otro modo, cuando es que se comprende realmente»[65], por lo que le restaban pocas opciones a Jürgen Habermas en el momento de admitir y valorar positivamente la inexorable dimensión práctica del *Sinnverstehen* en cuanto vinculado a «una autocomprensión orientadora de la acción»[66], si bien, sea conocida de todos su polémica con la hermenéutica gadameriana a la que achaca sin demasiada sustancia en este caso déficits de conciencia crítica, controversia en la que ahora no nos vamos a detener.

Quien intuya la profundidad del problema forzosamente a superar, lo que en absoluto se debe a razones sistemáticas y sí a necesidades político-prácticas, percibirá también que la conjunción de la «apertura» estructural con la finalidad normativa de servir de fundamento a la Comunidad y al orden jurídico global, ordanación que, como ha sido señalado por específica referencia a nuestro texto constitucional positivo, evidencia en el mismo la presencia de «numerosas previsiones que demuestran que los constituyentes que la redactaron tenían también su mirada puesta en el futuro»[67]. Ello hace comprensibles las dificultades redobladas y específicas surgidas al establecer, comprender y concretizar las normas integrantes de un Derecho que en grado especialmente elevado tiene carácter político como es el Derecho

---

[64] Hans-Georg GADAMER, *Verdad y Método…*, *op. cit.*, pp. 413-414.

[65] Hans-Georg GADAMER, *Verdad y Método…*, *op. cit.*, p. 367.

[66] Jürgen HABERMAS, *La lógica de las Ciencias sociales*, 3ª ed., Madrid, Tecnos, 1996, p. 247.

[67] Roberto L. BLANCO VALDÉS, «La política y el derecho: veinte años de Justicia Constitucional y democracia en España (apuntes para un balance)», en: *Teoría y Realidad constitucional*, núm. 4, 1999, p. 246.

Constitucional, por medio de cualquier metodología que pretenda la recomposición del modo de ser del conocimiento jurídico atendiendo a su propio carácter fenoménico de «ser así» o articularse de ese modo[68]. Es por tanto que los vetustos planteamientos positivistas adolecen de fallos trascendentales al no plantear la cuestión de la normatividad –tema no hace falta decir, central– en coordenadas adecuadas; más bien, a diferencia de los mismos, el modo total de la discusión acerca de la normatividad debe ser invertido desde su origen, y responsabilizarnos como trabajadores del Derecho de expresarnos desde planteamientos claramente diferentes.

1.4. La solidez de la propuesta superadora y objetivamente nueva: carácter rupturista del planteamiento elaborado desde la Teoría Estructurante del Derecho

Sirviéndonos de lo manifestado en otras oportunidades[69], y reconstruida en sus rasgos básicos la problemática carente de perspectiva evidenciada desde el imperante normativismo que se persigue resolver, reiteramos en este momento que como modo de hacer en consonancia con la verdad de lo real jurídicamente articulado sistemáticamente sobre bases profundas y completamente renovadas así como científicamente sólidas, la *metódica estructurante*, de cuya idea del asunto tan plena de mérito solo podemos aquí ofrecer una panorámica sumaria que aporte algún tipo de esclarecimiento, comporta irremediablemente el absoluto rechazo del modelo de interpretación jurídica desarrollado a partir de los postulados y conjeturas lógico-formales del positivismo metódico en cualesquiera de sus variantes. Y proponemos alternativamente una compren-

[68] Luis-Quintín VILLACORTA MANCEBO, «Preliminar», en: *op. cit.*, p. 34.

[69] Remitimos a nuestro artículo, «El giro hermenéutico aceptado por la Teoría Estructurante del Derecho», en: *Revista de las Cortes Generales*, núm. 80, 2010, pp. 7 y ss.

sión de la Norma jurídica que no tiene nada que ver con la axiomática o sistemática positivista, ya que el Derecho en cuanto Ciencia normativa aplicada forzosamente ha de ser algo distinto de la mera remisión en su contenido a una suma de textos lingüísticos transmitidos o producidos.

De acuerdo con lo anteriormente dicho, resulta: (a) el arrumbamiento del primado de la lógica formal convertida para el positivismo metódico en el más alto –y único– tribunal acerca de lo dado[70], así como del conocimiento proveniente de las puras construcciones intelectuales *more* kantiano presas de la artificiosa distinción/relación sujeto/objeto que abraza fervorosamente el constructivismo conceptual[71]; (b) la superación asimismo del giro explícito propuesto por el kantismo, rupturista con la perspectiva de que la tradición nos acercaba a la verdad y cuyas consecuencias negativas para las Ciencias humanas nunca nos cansaremos de resaltar, pues, en la medida en la que «el verdadero objeto de la comprensión histórica no son eventos sino sus significados, esta comprensión no se describe correctamente cuando se habla de un objeto en-sí y de un acercamiento del sujeto a el»[72]: la necesariamente extirpable «yoidad» –«yo pienso»–, ya que si la Hermenéutica desarrolla de modo apropiado su quehacer, tendrá «que poner de manifiesto la efectividad de la Historia dentro de la propia comprensión»; (c) el abandono del reduccionismo desde el que se explica [*Erklärung*] la vida y su procesualidad temporal a modo de mera manifestación fenoménica[73], por medio de la incorporación de la comprensión/interpretación [*Verstehen*/*Auslegung*] como modalidad receptiva al conocimiento de los hechos históricos

[70] En el sentido que postulara acerca de la misma Johann-Friedrich HERBART, *Sämtliche Werke*, Bd. V, ed. de Gustav Hartenstein, Leipzig, Leopold Voss, 1850, especialmente pp. 274 y ss.

[71] Una eficaz y ajustada crítica es la de Martin HEIDEGGER, *Ontología. Hermenéutica de la facticidad*, Madrid, Alianza, 2008, p. 105-106.

[72] Hans-Georg GADAMER, *Verdad y Método..., op. cit.*, p. 401; recordemos que el autor, añade: «Me refiero a este fenómeno con el término "eficacia de la historia"», en: *op. cit.*, pp. 370 y ss.

[73] Alf ROSS, *Le Problème des sources du droit..., op. cit.*, pp. 174 y ss.

en su facticidad [*Faktizität*], afectos al servicio claro está de su defensa de la inevitable tendencia a la consideración de la realidad como algo propio del comprender[74], e incluyendo la superación crítica de las apariencias, si bien relativizando en cierto modo la objetividad de la vida que, es obvio, quedará siempre por demás sin verificar[75].

Dicho de otro modo, desde el impulso activo que supone la inexcusable valoración de los hechos, esta opción por la estructura de la *concretización* constitucional –jurídica en general– procede arrancando del caso de forma selectiva, lo que indefectiblemente constituye un factor crucial. Esto es, trabaja con un entendimiento previo selectivo y una comprensión en tanto que modo de ser originario y existencial, incluso a la hora de analizar el fondo

[74] En tal dirección se orientan las aportaciones de Wilhelm DILTHEY, para lo cual remitimos a su *Sobre el estado actual de la ciencia histórica*, Madrid, Revista de Occidente, 1934, donde reitera algo ya contenido en su citada *Introducción a las ciencias del espíritu*: «Por las venas del sujeto cognoscente que Locke, Hume y Kant construyeron no corre sangre real, sino el enrarecido jugo de la razón como actividad meramente intelectual. Mas, mi trabajo histórico y psicológico sobre el hombre íntegro me llevó a basar la explicación del conocimiento y sus conceptos (como mundo exterior, tiempo, sustancia, causa) en ese hombre, en la multiplicidad de fuerzas constituyentes de ese ser que quiere, siente y piensa...Las preguntas que todos necesitamos dirigir a la filosofía no pueden ser contestadas suponiendo un rígido *a priori* de nuestra facultad cognoscitiva; solo se contestan mediante una consideración evolutiva que parte de la totalidad de nuestro ser», p. 11; porque, no olvidemos, el autor se mantuvo siempre alejado del kantismo dogmático, y dio la vuelta a la formulación negativa kantiana reformulando por el contrario positivamente la desvinculación de la metafísica del saber del hombre acerca de sí mismo a cuyo fin hizo valer este saber con fuerza, aspecto oportunamente recordado por Eugenio IMÁZ, «Prólogo» a: *El mundo histórico* de Wilhelm Dilthey, México, FCE, 1944, p. XV. Modernamente, la integración del método explicativo [*Erklärung*] y el comprensivo-explicativo [*Verstehen-Auslegung*] ha sido propuesta con atino por Paul RICOEUR, *Du texte à l`action. Essais d`hermeneutique*, Vol. II, Paris, Du Seuil, 1986, p. 181 a modo de ejemplo.

[75] La inexcusable necesidad de considerar la realidad por las Ciencias sociales a través de la superación crítica de las apariencias, tan frecuentes como falsas, ha sido bien vista por Miguel BELTRÁN VILLALVA, *La realidad social*, Madrid, Tecnos,1991, p. 21.

de modelos de regulación existentes, dada su condición de presupuestos necesarios tomados forzosamente en casi su totalidad a distancia temporal pero sin olvidarse de sus «contenidos» específicamente arraigados en la Realidad[76]. Para arrostrar tal empresa, los principios sobre la base de los cuales el científico debe realizar el análisis acerca de las cuestiones comprendidas en el ámbito del Derecho Constitucional, sin duda alguna, son principios de justicia y de trabajo que circunspectivamente encuentran ocupación y significatividad [*Bedeutsamkeit*] en el habérselas dentro del marco circundante remisional de experiencia y de intuición, lo que, a su vez, evidentemente no puede desprenderse en exclusiva de los textos de derecho positivo y su correspondiente función orientadora y de limitación externa sino de los postulados de la filosofía práctica, modelo que debe ocupar en las Ciencias sociales «el lugar de esa *theoria* cuya legitimación ontológica solo se podría encontrar en un *intellectus infinitus* del que nada sabe nuestra experiencia existencial sin apoyo en una revelación»[77]. En suma, desde el reconocimiento de su importante función, el paso decisivo de la *metódica estructurante* estriba ante todo en el rechazo de que los textos de normas desempeñen realmente un papel exhaustivo para la comprensión jurídica, y menos aún respecto de la labor de aplicación conforme a la que en cuanto problemática fundamental se expresa la cuestión crítica de la condición práctica propia del quehacer jurídico[78].

---

[76] Reconoce Friedrich MÜLLER, *Juristische Methodik. Grundlagen Öffentliches Recht*, Bd. I, 9ª ed., Berlin, Duncker & Humblot, 2004, p. 28.

[77] De este modo se explica por Hans-Georg GADAMER, *Verdad y Método...*, *op. cit.*, p. 394.

[78] Friedrich MÜLLER, *Métodos de trabajo...*, *op. cit.*, p. 313; entendemos, pero la cuestión demanda superior análisis, que de igual modo a lo previamente hecho al efecto por Martin Heidegger, amplía el autor y modifica la noción aristotélica de *prâxis*, si bien no llegará como el último a justificar la superior «razón» de la sabiduría sobre la prudencia, pues se deduce que equipara a ambas en grado, porque en realidad son dos caras de la misma moneda.

2

El proceso estructurante de producción de la Norma jurídica como desafío y propuesta definitivamente superadora de la decadencia normativista

«El método científico nunca es una técnica, tan pronto como se convierte en una, decae de su propia esencia»

(Martin Heidegger)

2.1. El punto de arranque en sentido lato: el asumido riesgo del comprender

Las consideraciones introductorias realizadas en el capítulo anterior relativas a las significativas y peligrosas consecuencias para la vida político-social democrática provenientes del normativismo, han puesto suficientemente de relieve que es apremiante y plenamente acertado el rechazo de la idea en apariencia sencilla, expuesta por los ideólogos de la subsunción, consistente en postular la inclusión formal del caso en la «ley general» mediante una operación intelectual realizada por operadores jurídicos situados completamente fuera del proceso iniciado por el caso mismo. Resulta así claro que el propósito fundamental del desafío [*Aufforderung*] planteado por la *metódica estructurante* persigue la finalidad de superar los riesgos apuntados provenientes del empleo de un «“normativismo” unilateral y ciego»[79], que dejarían a la Constitución y al Derecho Constitucional en la situación de exclusivas entidades ideales al margen de la Realidad en la que acontecen, y cuyo punto culminante, naturalmente, es la Ciencia jurídica de la lógica formal de la Norma desarrollada impertérritamente por Hans Kelsen en todas y cada una de sus más o menos perfiladas variantes[80]: «cuando se habla de interpretación, en el caso de la interpretación de la ley, se debe dar respuesta a la pregunta de qué contenido hay que dar a la norma individual de una sentencia o de una resolución administrativa, al deducirla de la norma general de la ley para su aplicación al hecho concreto»[81], partiendo de la caracterización [*Ein-*

[79] Para expresarlo con los calificativos empleados por Konrad HESSE, *Escritos de Derecho Constitucional*, 2ª ed., Madrid, CEPC, 2012, p. 66.

[80] Términos debidos a Evgeniĭ-Bronislavovich PASHUKANIS, y añadiría enseguida que los planteamientos kelsenianos conducen *ad absurdum* de la metodología neokantiana extrema propia del dualismo entre ser y deber ser, *Allgemeine Rechtslehre und Marxismus. Versuch einer Kritik der juritischen Grundbegriffe*, Wien, Verlag für Literatur und Politik, 1929, p. 23.

[81] Hans KELSEN, *Reine Rechtslehre*: *Einleitung in die rechtswissenschaftliche Problematik*, 2ª ed., Wien, Franz Deuticke, 1960, p. 349; estamos, por consiguiente, ante la «lógica constructiva de las normas», y más que formal propiamente metafísica [*metaphysische Logik*], perspectiva enseguida advertida y criticada por Hermann HELLER, «Die Krisis der Staatslehre», en: *Archiv für Sozialwissenschaft und Sozialpolitik*, núm. 55, 1926, p. 301; porque, bajo la influencia de la filosofía kantiana, sostuvo sin embargo Hans KELSEN que su Teoría Pura era la expresión científica de una postura crítica, antidogmática y antimetafísica, encaminada a lograr la objetividad como fin, y asimismo consideró el entendimiento una facultad realizable dentro de ciertos límites formales, operantes como condicionantes *a priori* que, en las hipótesis científico-jurídicas, vienen representados por la imputación; esto es, ello implica asumir el sentido teórico-constitutivo de la actuación de la razón y, en consecuencia, la consideración del *deber-ser* a modo de principio ordenador apriorístico de carácter instrumental al que atribuye una función análoga a la de las categorías kantianas, lo que permite reunir y organizar el conjunto falto de conexión de normas jurídicas en un plano gnoseológico donde se hace de lo inconexo un sistema, y se construye lo que después de tal intervención creativa puede llamarse el orden jurídico, entre otras obras del autor pue-

schätzung] del presupuesto contenido material de la Norma jurídica como exclusiva creación de sentido, pero de un sentido previo atribuido por otro[82]. Porque, en efecto, desde la perspectiva estructurante, se entiende con mayor precisión sin albergar duda alguna que le corresponde al trabajador del Derecho el desarrollo de un rol «creador-activo» en la denominada aplicación jurídica, precisamente, el que atribuye verdadero sentido y «fundación»

de verse *Sociedad y naturaleza*, Buenos Aires, Depalma,1945, pp. IX y ss; *Problemas capitales de la teoría jurídica del Estado, desarrollados con base en la doctrina de la proposición jurídica*, México, Porrúa, 1987, p. L; *¿Qué es la Teoría Pura del Derecho?..., op. cit.*, p. 21. Evidentemente, emplea para todo ello la teoría kantiana del conocimiento, a partir de la cual, plantea la posibilidad de una interpretación de los datos dados a nuestros sentidos por medio de las leyes formuladas por la Ciencia de la natureza, cuyos planteamientos traslada a su análisis de la Ciencia jurídica, y, en particular, como ha reiterado la literatura jurídica, en el momento de elaborar su propuesta de Norma hipotética fundamental, al ser designada esta como condición lógico-transcendental del ordenamiento en su conjunto por su Teoría Pura del Derecho, se formula la pregunta acerca del modo de hacer posible una interpretación no reconducible a autoridades metajurídicas respecto del sentido subjetivo de ciertos hechos, como un sistema de normas jurídicas objetivamente válidas y descriptibles en proposiciones jurídicas. Cuestión esta, respecto de la cual, la respuesta teórico-gnoseológica dada fija posición, y ello desde la consideración de que, bajo la condición de presuponer la Norma fundamental, debemos comducirnos como la Norma jurídica prescribe, esto es, en armonía con el sentido subjetivo del acto de voluntad constituyente, vale decir, siguiendo las prescripciones establecidas por el autor de la Constitución jurídico-positiva, véase *Reine Rechtslehre..., op. cit.*, entre otros momentos, p. 225. En todo caso, la perfección formal del Derecho público, a decir de Otto VON GIERKE, se había alcanzado por medio del entramado jurídico-estatal propuesto por Paul Laband, y ello al injustificable alto precio de separar el Derecho de la vida real, *Labands Staatsrecht und die deutsche Rechtswissenschaft*, Darmstadt, Wissenschaftliche Buchgesellschaft, 1961, pp. 15 y ss; y subraya entre nosotros en términos similares Óscar ALZAGA VILLAAMIL que el enfoque avalorativo llevado por Hans Kelsen al extremo en aras de la «presunta objetividad científica», se encontraba ya latente en Paul Laband, *Derecho Político español, según la Constitución de 1978*, Vol. I, 3ª ed., Madrid, Centro de Estudios Ramón Areces, 2001, p. 54.

[82] En tal sentido, el entonces kantiano Julius BINDER –previo a su reorientación hacia el idealismo ético– se había manifestado con total convencimiento, véase su *Philosophie des Rechts*, Berlin, Georg Stilke, 1925.

[*Stiftung*] normativa[83]; de ahí la inutilidad de «buscar una "corrección objetiva" del derecho al margen del proceso de comprensión hermenéutica», y por idéntica razón está abocado «al fracaso cualquier intento de separar, en la ciencias comprensivas, la racionalidad de la personalidad del comprender»[84].

En todo caso, como bien sabemos, la desorientada Ciencia jurídica no se ha acercado a la hermenéutica filosófica en búsqueda de cánones o reglas metódicas claras e inequívocas sino con la intención de encontrar renovados estímulos y un nuevo despertar y apropiación de la conciencia comprensivo/aplicativa[85], en la que se mueven, para expresarnos con Martin Heidegger, tanto las cosas del mundo circundante [*Umwelt*] como la personas con las que compartimos el respectivo mundo [*Mitwelt*][86]. Por lo que una vez mostradas las condiciones sobre las cuales se accede a la comprensión dentro de una tradición que nos precede e incluye, es preciso –obligado– para la *Teoría Estructurante del Derecho* desarrollar un *proceso*

[83] En la dirección de un hacer activo de carácter productivo-constituyente atribuido por actos específicos del trabajador del Derecho, como «yo-activo» al que se refiriera Edmund HUSSERL, «Statische und genetische Phänomenologie. Die Heimwelt und das Verstehen der Fremde. Das Verstehen der Tiere (Schluchsee, Ende August oder Anfang September 1933)», en: *Zur Phänomenologie der Intersubjektivität III, Gesammelte Werke*, Bd. XV, ed. de Iso Kern, Berlin-Heidelberg, Springer, 1973, si bien, para este último, la constitución genética activa presupone la pasiva, pp. 616 y ss.

[84] Arthur KAUFFMANN, *Hermenéutica y Derecho*, Granada, Comares, 2007, pp. 92-93.

[85] Ulrich NEUMANN, «Zum Verhältnis von philosophischer und Juristicher Hermeneutik», en: *Dimensionen der Hermeneutik. Arthur Kauffamnn zum 60 Geburtstag*, ed. de Winfried Hassemer, Heidelberg, Decker und Müller, 1984, pp. 49 y ss. Incluso se ha sostenido el definitivo desvanecimiento de la certeza dentro del ámbito científico en el mundo moderno sin excepciones, para lo que remitimos por todos en tal dirección a Ilya PRIGOGINE, *El fin de las certidumbres*, Madrid, Taurus, 2001.

[86] Puede verse Jesús ADRIÁN ESCUDERO, «Heideggers Phänomenologie der Stimmungen. Zur Welterschließenden Funktion der Angst, der Langweile und der Verhaltenheit», en: *Heidegger Studies* 26, 2010, pp. 83 y ss.

estructurado y comprensivo como tarea a efectuar continuadamente por la Ciencia jurídica a través de esfuerzos independientes en cada caso –temporalidad– exigidos en la comprensión jurídica del correspondiente acontecimiento actual [*aktuales Geschehen*], pero sin borrar las diferencias entre las diversas disciplinas jurídicas y mucho menos sin advertir la peculiaridad normativa y material del Derecho Constitucional.

De otra parte, conviene recordar que esta concepción de lo normativo lejos de la pretensión de debilitar la normatividad, como a veces apriorísticamente se le imputa precisamente desde posturas expresivas de meras «ocurrencias esporádicas», verdaderamente, atendida sea la capacidad innata y propia de la retorización jurídica, persigue en cambio suavizar las tendencias dogmatizantes propias de la deducción *intellectus-silogística* que hemos de rechazar con toda decisión. Y, en esa óptica directiva transformadora, se produce una inversión radical tal como nos lo sugieren las vigorosas aportaciones de un Josef Esser o de Theodor Viehweg y en sentido más matizado las debidas a Uwe Diederischsen[87], al percatarse de la necesidad de encontrar las premisas mayores inductivas a partir de la «experiencia jurídica» –de la *res*–, recorriendo en el alumbramiento de nuevos dominios la totalidad de direcciones al hallazgo de la materia en los lugares de los que se desprenden los argumentos[88]. Construcción que arranca desde su inicio, como reconocen, a partir de la idea central de Giambattista Vico propensa a recuperar la tradición antigua en su vigorosa defensa del estudio de las Ciencias humanas arrancando de perspectivas meto-

[87] Autor que, pese a un cierto distanciamiento crítico de Theodor Viehweg, termina reconociendo la función imprescindible de la Tópica para la interpretación jurídica y, en particular, su relevancia en el ámbito del Derecho Constitucional, Uwe DIEDERISCHSEN, «Topisches und systematisches Denken in der Jurisprudenz», en: *Neue Juristische Wochenschrift*, 1966, pp. 697 y ss.

[88] Theodor VIEHWEG, *Topik und Jurisprudenz. Ein Beitrag zur rechtswissenschaftlichen Grundlagenforschung*, 5ª ed., München, C.H. Beck, 1974, p. 37.

dológicas completamente ajenas a los métodos empleados por las Ciencias naturales, puesto que ambos tipos de ciencias no pueden ser estudiadas bajo los mismos principios, y tradición, en la cual, la Jurisprudencia sobresalía como estructura descriptiva más arquetípica de espiritualidad correspondiéndose con la Tópica; al margen de que para el napolitano el Derecho venía a ser una voluntad social objetivada deducible de la «experiencia», desde luego previa y superior a cualquier razón subjetiva y merecedora por tanto de respeto[89].

Tópicos que, por lo demás, lejos de articularse desde el principio como un conjunto de reglas a seguir con la finalidad de poder demostrar todo, han de ser puntos de referencia materiales evidentemente objetivos y apropiados para el desenmascaramiento de los estereotipos trasmitidos por el normativismo y afincados entre los juristas, a la búsqueda de la justicia posible en el aquí y ahora[90], y no meras sutilezas especulativas expuestas en términos constructivo-conceptualistas. Los cuales son comprendidos hermenéuticamente a modo de puntos de vista pragmáticos de justicia material[91], adquiriendo subsistencia y des-

[89] En tal sentido lo ha expuesto a modo de ejemplo Benedetto CROCE, *La filosofia di Giambattista Vico*, Bari, Laterza, 1962, especialmente pp. 253-254, y de cuya lectura, así como de otras a las que le condujo esta, extrajo o afianzó en nuestro don Miguel de Unamuno y Jubo el principio sagrado de respeto a todo lo existente caracterizante de su pensamiento.

[90] Subraya especialmente este aspecto, con frecuencia soslayado, Juan-Antonio GARCÍA AMADO, «Tópica, Derecho y Método jurídico», en: *DOXA. Revista de Filosofía del Derecho*, núm. 4, 1987, p. 163.

[91] Josef ESSER, *Vorverständnis und Methodenwahl in der Rechtsfindung: Rationalitätsgrundlagen richterlicher Entscheidungspraxis*, 2ª ed., Frankfurt am Main, Athenäum Fischer 1972, p. 155; y con superior amplitud, para la necesaria vinculación orientada al caso del pensamiento jurídico, su previo *Grundsatz und Norm in der richterlichen Fortbildung des Privatrechts*, Tübingen, Mohr Siebeck, 1956, planteamiento con el que, al menos en este aspecto, básicamente concuerda Horst EHMKE, como bien ha subrayado en muy diversas ocasiones la doctrina científica alemana, a modo de ejemplo la clásica aportación de este último «Prinzipien der Verfassungsinterpretation», recogida en: *Veröffentlichungen der*

empeñando una eficaz función superior al de meros «índices de lo que hay que averiguar sobre el tema propuesto», transformando el proceso legal en un procedimiento de normativización legítima. Porque, de conformidad con lo expresado por el precitado Theodor Viehweg, en el marco de la perspectiva retórica contemporánea los *topoi* adecuados al caso se vuelven comprensibles en la dimensión pragmática que también desarrolla el lenguaje, e inesperadamente, en tanto «fórmulas de búsqueda pragmáticas y situacionales, abren un juego creativo controlable»[92], con lo cual, al admitirse argumentar con fundamento únicamente mediante la utilización de los *topoi* lícitos y no desde todos los puntos de vista a la libre disposición del jurista, en cierta forma se refuerza con ello la juridicidad. Por tanto, el pensamiento problemático entiende que el conocimiento jurídico solo se adquiere a partir de casos concretos que actúan a modo de mónadas en cuanto impulsores con un carácter definido, recusando por completo el estatuto descriptivo de las Ciencias naturales, y esto da cuerpo a propugnar la distinción entre el plano de justificación y el plano de la producción-aplicación de las normas jurídicas. En todo caso, dejamos constancia respecto de que no nos parece exactamente correcta la dicotomía propuesta por el autor: pensamiento tópico versus pensamiento axiomatico[93], habiendo sido Nicolai Hartmann quien bien definiera la alternativa al contraponer pensamiento sistemático a pensamiento problemático.

Detengámonos ahora por un momento a efectos de poner de manifiesto que quien pretenda ver en las reflexiones que arrancan del proceder metódico tópico, sin embargo, un ataque desenfrenado a la normatividad, no ha entendido nada acerca de lo que la Tópica supone de búsqueda de lo real efectivo [*das Wirkliche*], pues desechada la idea

---

Vereinigung der Deutschen Staatsrechtslehrer, núm. 20, Berlin, Walter de Gruyter, 1963, especialmente, pp. 55 y ss.

92 Theodor VIEHWEG, *Topik und Jurisprudenz...*, *op. cit.*, p. 38.

93 Theodor VIEHWEG, *Topik und Jurisprudenz...*, *op. cit.*, pp. 15 y ss.

–falacia– de sistema jurídico unitario, cerrado y completo, aunque la Tópica se concentra en destacar la necesidad de un pensamiento orientado al problema, no niega radicalmente el valor del texto de la Norma con independencia de que en el proceso hermenéutico reconozca, sin duda, relevancia superior a la *concretización* frente al propio proceso de elaboración del texto. Esto es, la «Norma» y el «Sistema» ciertamente pierden la primacía por cuanto se tornan en meros puntos de vista o simples *topoi,* cediendo lugar a la hegemonía del problema, elemento fundamental de la operación comprensiva[94]. No obstante, el recurso a la retorización por nosotros seguido se hace en los términos cautelosos propuestos por el *postpositivismo jurídico estructural* o *metódica estructurante* [*strukturierende Methodik*] elaborada por Friedrich Müller, siguiendo el orden elocutorio adelantado ya por Cicerón y, desde luego, a partir de la toma en cuenta de la advertencia formulada en los *Tópicos* aristotélicos con la finalidad de atenernos a un empleo de los mismos tratando de evitar desde el inicio las contradicciones[95]; y permitiendo en todo momento el *sein lasssen* jurídico, vale decir, ello ha de conducir a que se desarrolle de la mejor manera posible la aplicación normativa. No supone, pues, la torna de un problema, implica reconocer la problematicidad de lo normativo como teórica y prácticamente siempre ha estado ahí, y, más propiamente dicho, es ahí –futuridad– «ya-presente» [*Schon-Anwesende*], y debe así salir a la luz quedando mostrada, exhibida [*herausgestellt*][96] la normatividad, en su auténti-

[94] Paulo BONAVIDES, *Curso de Direito Constitucional…*, *op. cit.*, p. 495.

[95] Aunque no es preciso insistir, recordemos que Aristóteles proyectaría en su Tópica una teoría dialéctica entendida como arte de la discusión, para lo cual ofrece un catálogo de *topoi* estructurado de forma flexible capaz de prestar importantes servicios a la praxis, puede verse Quintín RACIONERO CARMONA, «Introducción» a: *Aristóteles. Retórica*, Madrid, Gredos, 1990, pp. 7 y ss; y asimismo Juan-Antonio GARCÍA AMADO, *Teorías de la tópica jurídica*, Madrid, Civitas, 1988, pp. 51 y ss.

[96] Gerhard STRUCK, *Zur Theorie juristischer Argumentation*, Berlin, Duncker & Humblot, 1977, pp. 58 y ss.

co carácter trascendente superador *a posteriori* de los conocimientos *a priori* de los que se salvarán tan solo los que fundamenten su validez como experiencia inductiva en el aquí y el ahora; y este desvelar o dejar ver que muestra [*aufweisendes Schenlassen*] constituye el *logos* determinante de la proposición, mostración [*apophanesthai*] que constituye la esencia de esta última[97].

Todo esto supone que, según hemos considerado más arriba, para la profunda e innovadora *metódica estructurante* entendida como «Ciencia de la praxis jurídica»[98], el factor decisivo en lugar de estar conformado por el cuidado sistemático y la correcta vinculación a las reglas de interpretación de textos jurídicos de conformidad con los postulados de la epistemología lógico-formal de tipo mecanístico caracterizadora del positivismo metódico, se alzará primeramente a través de la expectativa concreta de sentido –de «ese modo»– como búsqueda efectuada inevitablemente en los términos conversacionales con los que el «aplicador» –trabajador del Derecho– se acerca relacionalmente a los casos y textos a comprender en su encuentro con lo real de cada caso, y dicho sea de paso, en confrontación con la cosa en sí que está realmente ahí, fácticamente presente tal como, a la que dirigimos nuestras preguntas[99]. Actividad que se hará en forma de «dialoguismo», fijando de tal suerte en la conversación legal desde el inicio una relación con la «cosa» que no es meramente externa y apunta a un nuevo punto, por así decirlo, al acontecer constitutivo de la comprensión; un acontecer, por demás, pensado hegelianamente y concebido en su vertiente histórico-efectual que le sostiene, articulado de espaldas a rozamientos universales, abstractificantes y absolutamente despreciativos para con las exigencias del existir fáctico

[97] Martin HEIDEGGER, *Logik. Die Frage nach der Wahrheit*, Frankfurt am Main, Vittorio Klostermann, 1976, p. 153.

[98] Friedrich MÜLLER, *Rechtsstaatliche Form - Demokratische Politik: Beiträge zum Öffentlichen Recht, Methodik, Rechts und Staatstheorie*, Berlin, Duncker & Humblot, 1977, p. 167.

[99] Friedrich MÜLLER, *Juristiche Methodik...*, *op. cit.*, p. 32.

–concreto–. No en vano subrayó Hans-Georg Gadamer, en su pretensión de reintroducir el pensar especulativo en la dialéctica, que Georg-Wilhelm-Friedrich Hegel había reflexionado a fondo y productivamente acerca de la dimensión histórica en la que se enraíza el problema de la Hermenéutica[100].

La diferencia es por eso clara incluso con relación a los planteamientos «conciliadores» planteados en los insuficientes e irrealistas términos de «relación recíproca» entre Norma y Realidad, o el mismo sino o distancia mantiene respecto de la insuficiencia acompañante a la metáfora «relación dialéctica», «atribución correctiva» y demás «polaridades», pues en los referidos casos se siguen moviendo en el plano de la «idealidad» [*Idealität*] estructural meramente (no) existente, esto es, apuntan a ideas formales imprecisas e indefinidas en cuanto a posibilidades y límites, como bien ha reprochado en innumerables momentos la *Teoría Estructurante del Derecho*. A tal efecto de superación de insuficiencias, se ha señalado entre nosotros que frente a las notorias deficiencias invalidantes que presentan las concepciones metodológicas tradicionales de lo imperativo previamente dado, estamos obligados a reivindicar la potencialidad ofrecida por la tópica «como método de interpretación constitucional, en la medida en que se trata de un método abierto y de carácter argumentativo, que no parte de verdades absolutas y que contempla el Derecho como un proceso social siempre inacabado»[101].

Por consiguiente, y como podemos ver, de acuerdo con esta apertura a lo fáctico actuante, a la efectividad [*Wirklichkeit*] a la que se llega partiendo de la propuesta revisora a fondo y superadora tanto del enfoque propio del paradigma positivista como de los planteamientos antipositivistas a los que igualmente demuele, anclados los segundos en el

[100] Cuestión para la que remitimos al libro de Hans-Georg GADAMER, *La dialéctica de Hegel. Cinco ensayos hermenéuticos*, Madrid, Cátedra, 1997.

[101] María-Luisa BALAGUER CALLEJÓN, *Interpretación de la Constitución y ordenamiento jurídico*, Madrid, Tecnos, 1997, p. 85.

mismo pseudoconcepto de normatividad caracterizador de los primeros, el ordenamiento constitucional recibe la consideración de una formación productivo-abierta de normas comprendida desde la praxis. E idénticamente rechaza la *Teoría Estructurante del Derecho* por su trivialidad y vacío resultante propuestas que pretenden alcanzar un procedimiento racional de decisión mediante la unidad funcional de la Dogmática jurídica y las Ciencias empíricas a partir de la investigación combinada de Sociología y Técnica de la decisión[102]. Esto obedece a que la Constitución abierta forzosamente a la concretización [*Verfassungskonkretisierung*] y su relación o consecuente inserción con la vida fáctica, es una característica propia de la ordenación jurídica de las modernas sociedades complejas y democráticas, por lo que no se establece de una vez para siempre y, consecuentemente, tal como señala Friedrich Müller, su legitimidad ha de ser entendida como proceso del determinar permanentemente renovado que se practica, pues en la medida en la que el problema debe ser colocado en ese proceso de forma gradual a título de orientación previa [*Vorgabe*] con vistas a un proceso práctico de estructuración, estamos entonces sí ante un verdadero y diferente modo de hablar auténticamente sobre el Pueblo actuante según la verdadera tradición democrática del constitucionalismo[103].

---

102 Modelo seguido de forma muy clara por Niklas LUHMANN, por ejemplo *Der Recht der Gesellschaft*, Frankfurt am Main, Suhrkamp, 1993, quien pretende definir la Constitución como una especie de acoplamiento estructural entre Política y Derecho, pero concepción que no salva evidentemente el dualismo, al tiempo no duda en referirse el autor a la que denomina «unidad operativa del sistema jurídico». E igualmente dualista sigue siendo la teoría de Ronald DWORKIN, pues si bien acepta que la única forma de pensar el Derecho es aquella que lo hace constantemente a partir de su directa vinculación con la realidad, ya que el fenómeno jurídico responde a la finalidad de contribuir a la pacificación social, la vertiente dual es asimismo clara en su planteamiento, a modo de ejemplo remitimos a la ya aludida y entre nosotros muy divulgada obra del autor a través de su versión castellana, *Los Derechos en serio*, Barcelona, Ariel, 1984, *passim*.

103 Friedrich MÜLLER, *Wer ist das Volk?: Die Grundfrage der Demokratie. Elemente einer Verfassungstheorie* VI, 2º ed., Berlin, Duncker & Humblot, 1997, especialmente pp. 41 y ss.

Obviamente, si hemos de ser realistas, algo constituye un punto candente que permanece universalmente válido: ante la multiplicidad de los problemas que pueden surgir en la dinámica social-democrática, la textura de los preceptos constitucionales positivos necesita de la necesaria flexibilidad y apertura de modo que les permita alcanzar soluciones integradoras del casuismo problemático actual y futuro, pues si la Constitución quiere trascender la concepción de un mero instrumento de orden pasando a serlo también de progreso social, su mutabilidad de esencia debe acompañar integrada por medio de la *concretización* textual a la realidad social cambiante. En consecuencia, los contenidos de los textos positivos de normas también necesitan ser necesariamente objeto de *concretización*, lo que implica naturalmente valoración, porque como bien Friedrich Müller considera insistentemente, una Ciencia jurídica sin decisiones ni valoraciones, pretendida ejemplificativamente fuera por ingenuidad ora interesadamente por la Escuela de la Exégesis[104], capaz de concebir la neutralidad de los actos de aplicación normativa, esto es, situada al margen de las influencias derivadas de las precomprensiones del trabajador del Derecho y de la mutabilidad social y su influjo en el universo jurídico, no sería a la postre una Ciencia jurídica ni práctica ni real sino mero fenomenismo formal. Y todo juicio añade un nuevo atributo, dirá Nicolai Hartmann, así como toda nueva intelección acepta «en la forma lógica elevada, la figura del juicio»; dicho de otro modo, el poder del juicio [*Urteilskraft*] con-

[104] La denominada *Escuela de la Exégesis* surge en el contexto de la atmósfera política posterior al 18 de Brumario, y nombre sugerido para la misma por el profesor francés Ernest-Désiré Glasson con ocasión del centenario del Código Civil francés. La prohibición de interpretar que defendía, dirigida no solo a los jueces sino a todos los aplicadores e incluso estudiosos jurídicos, constituye la divisa de la corriente metodológica seguida por la Escuela, pero chocaba con los intereses del régimen napoleónico y fue ampliamente diseminada entre los principales juristas de la época. Además, se debe registrar que tal prohibición no se direccionaba solo hacia los jueces, sino que también se dirigía a los eruditos-adoctrinadores.

fiere al individuo una experiencia tanto del mundo como de los otros individuos, y le atribuye ese carácter cosmopolístico que le prepara y faculta para acercarse al ideal kantiano de su conversión en ciudadano del mundo[105].

Tenemos pues que entender como cuestión nuclear, en sentido diametralmente opuesto a lo propugnado por el normativismo, la imposibilidad de aprehender de una forma definitiva el significado de la Constitución en el tiempo partiendo de forma unilateral de su texto y mediante el empleo de un sistema conceptual de carácter pretendidamente absoluto. De esta guisa, venimos obligados a actuar de forma sensiblemente diferente de lo sostenido por los «juristas puros» que, ironías del destino, quieren hacer honor a su pretendido carácter ortodoxo permaneciendo sin embargo aferrados a la dogmática positivista tradicional de la fracasada «subsunlogística», cuyo paradigma se evidencia de vez en vez más hostil a las necesidades del constitucionalismo democrático-social, aunque exclusivamente fuera –pero no solo– por su tendencial asimetría en ocasiones puesta fácilmente de manifiesto[106]. ¡Vaya, eso sí!, los *«últimos juristas»* pretenden «felices» caminar «parpadeando» sobre un pulcro suelo liso de nivelado y radiante hielo[107];

[105] Hannah ARENDT, *Responsabilità e giudizio*, Torino, Einaudi, 2004, pp. 238 y ss, donde se considerará que si solo gracias a la actividad del pensamiento nos cualificamos como personas capaces de interrogarnos a nosotros mismos, el peligro más grave que nos acecha es la tendencia a negarnos a juzgar.

[106] Subrayado por Mauro CAPPELLETTI, *Le Pouvoir des juges*, Paris, PUE, 1990, p. 19.

[107] ¡Juristas puros que dicen saber Derecho en sí mismo, y cuyo «saber» se convierte nuevamente en objeto de ulterior saber sobre... el Derecho...! de suerte que, procediendo de tal modo, desde sí mismos y vueltos hacia sí mismos, se alejan estos sabios –vale decir, sabiondos– cada vez en superior trecho de la verdad, conforme a lo expresado por Gaston BACHELARD, *La formación del espíritu científico*, México, Siglo XXI, 1988. En todo caso, esperemos que no se cumpla la profecía nietzscheana traslada aquí en el sentido de que estos últimos «puros juristas» sean los de máxima duración, pues la *nomenklatura* de semejante kelsenianismo de unos cuantos bárbaros a los que falta inclusive en numerosas ocasiones el suelo nutriente propiciado por la filosofía neokantiana, y en consecuencia

sin embargo, están imposibilitados de hacerlo, pues en la conocida metáfora de Ludwig-Josef-Johann Wittgenstein: presa del pánico de sus propios temores han ido «a parar a terreno helado, donde falta la fricción, y en apariencia las condiciones son en cierto sentido ideales, pero también por eso mismo no se puede caminar; por ello, necesitamos siempre la fricción. ¡Vuelta al terreno áspero!»[108]. Retorno al terreno difícil y escarpado en el que se mueve la justedad de las decisiones jurídicas, y que desde una Ciencia jurídica concebida en términos constructivistas inevitablemente van a ser altamente dañosas para el individuo y, desde luego, para la propia Comunidad política[109].

De conformidad con la significación específica y la originalidad ideada por el *planteamiento metódico estructurante*, puede advertirse claramente que la «vuelta» propuesta supone poner de relieve que el texto de una Constitución o de cualquier otra disposición a incluir en el orden normativo dotada de positividad, solo adquiere normatividad una vez se haya concretizado[110]. El texto normativo presenta evidentemente la nota aludida de positividad, pero viene obligado a ponerse en comunicación con la realidad; esto es, ha de relacionarse estrechamente con la aspereza del mundo que es constitutiva, operación que implicará especialmente la rigurosa observación

deben ser «bastante impuros», no solo es desesperadamente anacrónica, lo fundamental consiste en el importante daño social que causa.

[108] Ludwig-Josef-Johann WITTGENSTEIN, *Philosophical Investigations*, Oxford, Blackwell Publishers, 2001.

[109] Así de este modo, ya en Ernst FUCHS, *Die Gemeinschädlichkeit der konstruktiven Jurisprudenz*, Karlsruhe, G. Braun, 1909.

[110] En sentido divergente defiende Christian STARCK el planteamiento de que en la aplicabilidad de la Constitución rigen los mismos criterios que en la interpretación de las normas de Derecho privado, y a partir de tal premisa sostiene erróneamente la validez de los cánones expuestos por Friedrich-Carl von Savigny en orden a la interpretación constitucional, a los que, con todo, admite habrá de añadirse el canon teleológico, encargado en su estimación de desarrollar una función relevante, en cuanto entiende «supera al tenor literal, gramatical, sistemático y la perceptible intención subjetiva del legislador», *Jurisdicción constitucional y Derechos Fundamentales*, Madrid, Dykinson, 2011, p. 41.

de las relaciones político-sociales. Y desde ahí, nos reitera el maestro bávaro, realiza el jurista las preguntas en cada caso a partir de sus experiencias[111], mediante la acción desarrollada durante el transcurso de un *proceso estructurante* de determinabilidad a cargo del trabajo jurídico, en vez de dejar operar la tradicional determinabilidad normativista de los conceptos jurídicos y de su significado. En términos aún más tajantes de lo que estaríamos dispuestos a considerar aquí debido a la brevedad del ensayo, se trata de algo muy profundo en cuanto al cambio de perspectiva acerca del modo en que necesariamente comprendemos en última instancia la normatividad de la Constitución o de cualquier otro texto de derecho positivo y su proyección hacia lo normativo, frente a lo que venía siendo el estrecho sentido tradicional de carácter logicista y formalmente objetivador, pero completamente vacuo. Empero, pues, a diferencia del *modus ponens* de la interpretación tradicional que comprende por esta apenas el develado [*Unverborgenheit*] de sentido a los efectos de la reejecución de la mentalmente representada voluntad abstracta y supuestamente expresada por el texto normativo –«positivismo del tratamiento de la Norma»–[112], se enfoca el asun-

[111] Permitiendo con el ello un desarrollo dinámico, mediante esta participación activa en la cultura trasmitida y su desarrollo, tal como propuso Rüdiger BUBNER, plenamente inscrito por demás en la tradición hermenéutica de su maestro Hans-Georg Gadamer, véase *Drei Studien zur Politischen Philosophie. Vorgetragen am 10. Mai 1997*, Heidelberg, Universitätsverlag C. Winter, 1999; ideas que reproduce y precisa, por ejemplo, en *Polis und Staat. Grundlinien der Politischen Philosophie*, Frankfurt am Main, Suhrkamp, 2002.

[112] Según el concepto empleado en sentido crítico por Friedrich MÜLLER, posición metodológica que estima tiene en Hans Kelsen a su punto cero, y reenvía a las de Carl-Friedrich von Gerber y Rudolf von Ihering, y desde los planteamientos de estos nos reconduce hasta la *Begriffsjurisprudenz* de Friedrich-Carl von Savigny, como bien expresa, *Juristische Methodik...*, *op. cit.*, p. 104. En cuanto al historicismo epistemológico de Franz-Leopold von Rank –para quien la relatividad de todo juicio histórico deriva de la complejidad de los procesos históricos singulares–, el ontológico de Heinrich von Treitschke –que renuncia a toda referencia a valores trascendentes –, y el resto de la Escuela histórica, en su esfuerzo denodado y estéril frente a la filosofía de la

historia de Georg-Wilhelm-Friedrich Hegel, reivindicarían el «espíritu del pueblo» acuñado por el idealismo de Friedrich-Wilhelm-Joseph von Schelling, y las denominadas leyes propias del proceso histórico por el «fundador de la escuela Friedrich-Carl von Savigny, terminando por reducir la tarea de las Ciencias históricas al descifrado de jeroglíficos desde los textos a través del conceptualismo heredero del método y de la tradición de la Pandectística. Conforme muestra por todos Georg-Friedrich Puchta, el aludido representante por antonomásia de la jurisprudencia de conceptos, a partir de su profundo estudio del Derecho romano, quien pensaba en la formación del Derecho a partir de la genealogía conceptual basada en un proceso histórico de formación de los mismos, toda vez intensifica el concepto de totalidad y el de un sistema jurídico completo en el que no existe espacio alguno para las cuestiones éticas, políticas, sociológicas o de cualquier otra naturaleza distinta de la estrictamente jurídica. En cuanto al positivismo cultivado por la Escuela de la Exégesis, para él, es el Parlamento el que produce directamente el Derecho reflejando la voluntad general principalmente por medio de los códigos ochocentistas. Esto es, en ambas variantes se identifica derecho y ley, pero se pueden estimar matices. Para la *Begriffsjurisprudenz* la Ley es producida o consecuencia de un decantado proceso histórico de formación conceptual, en tanto para la Escuela de la Exégesis proviene de la voluntad soberana manifestada en el Parlamento, Raoul C. VAN CANEGEM, *Judges, Legislators and Professors. Chapters in European Legal History*, Cambrigde, Cambrigde University Press, 2002. Frente a lo cual objetaría Wilhelm Dilthey, principalmente desde el rechazo del conceptualismo alemán, dando para ello entrada a las «expresiones concretas de la vida», esgrimiendo a contrario su defensa de una concepción de la Hermenéutica como *telos* de la Historia, a partir de –y superando– la hermenéutica romántica de los postulados tendente a recrear la experiencia del autor y desarrollada por Friedrich-Daniel-Ernst Schleiermacher –no obstante, sigue a este en la comprensión de la Hermenéutica como método del entender y de evitar malentendidos–, no olvidemos, calificado por Jochen HÖRISCH, «als Gründungsfigur der romantischen Hermeneutik», *Die Wut des Verstehens - Zur Kritik der Hermeneutik*, 2ª ed., Frankfurt am Main, Suhrkamp, 1997, p. 52. A este propósito, indicaría Hans-Georg GADAMER que el concepto diltheyano de nexo de la Historia supone objetivamente la aplicación del postulado hermenéutico de que los detalles de los textos únicamente pueden ser comprendidos desde el conjunto, en tanto solo se entenderán desde aquel, proyectándolo ahora sobre el mundo de la Historia. Pero la idea de círculo hermenéutico arranca de Schleiermacher, y está naturalmente presente en los tres autores considerados; ahora bien, la dialectización de la que impregna Gadamer al principio dialogístico le aleja de Schleiermacher y le acerca a Hegel, como expresamente reconoce y postula, *Verdad y método…*, *op. cit.*, p. 225. De todos modos, también cabe recordar que admite Martin HEIDEGGER haber sido Agustín quien «produce la primera "hermenéutica" de gran estilo», *Ontología. Hermenéutica…*, *op. cit.*, p. 30; y no olvidemos al efecto que Wilhelm Dilthey cultivó inicialmente la teología, recibiendo muy directamente el influjo de Ferdinand-Christian Baur, el teólogo fundador de la Escuela de Tübingen.

to de un modo totalmente diferente y prometedor por la *teoría de la concretización* de la que ahora limitadamente en su abordaje tan solo aludiremos en nuestra exposición a algunos de sus puntos centrales.

Teoría concretizante del Derecho que, de esta manera, persigue con insistencia desde tal posición [*Setzung*] atender y comprender en muy superior medida las demandas de la Sociedad contemporánea, caracterizada por la acusada diferenciación social y el pluralismo. A semejante fin, según expresamente se expone, la revisión superadora de la no-posición [*nich-Setzung*] propia del positivismo que, apostado en la trinchera de su absolutividad ideal, se ha tornado en grave problema en orden a la comprensión jurídica, deberá emerger lo nuevo desde el *de profundis* positivista sustentándose en una teoría del Derecho a hacer experimentada de modo primario y no en una inocua teoría sobre el Derecho puesto, sea esta de inspiración sociológica, psicológica, histórica, filosófica etc. Por eso, se va a tratar de una teoría crítica, radicalmente revisora desde sus fundamentos de la concepción de Norma jurídica en su descubierta e idealizante versión positivista, toda vez los postulados de la interpretación observados desde este enfoque derivan directamente de una concepción de normatividad enraizada en las diversas corrientes del normativismo y sus condiciones respectivas, impeditivas todas ellas de su mezcla con cualquier materia circunstancial que pudiera mínimamente alterarla: ¡el hielo liso y terso absolutamente incontaminado de materia humana e inútil al caminante! Dicho de otro modo, la inadecuada ensoñación del mito objetivista moderno en su forma lógico-conceptual expuesto con frecuencia mediante artificiosos recursos metafórico-expresivos[113], en perjuicio del valor restrictivo otorgado a la metáfora en el proceso del cono-

[113] Las desventajas del conceptualismo para la adopción de decisiones jurídicas, han sido especialmente subrayadas, inclusive desde el funcionalismo jurídico postulado por Niklas LUHMANN, *Rechtssystem und Rechtsdogmatik*, Stuttgart-Berlin-Köln-Mainz, Kohlhammer, 1974, p. 23.

cimiento por la retórica clásica continuadora de la perspectiva aristotélica[114].

Entretanto, este aludido planteamiento metódico erróneo y carente de perspectiva, en sí mismo quimérico y extratemporal, puede verse en reputadas obras consideradas entre nosotros, pues aunque se dice perseguir por las mismas un nuevo planteamiento, participan de los referidos vicios invalidantes anteriores. A modo de ejemplo, en una de las más ampliamente divulgadas, es factible leer: «la ciencia del derecho solo será ciencia si llega al conocimiento de la verdad en el sector de la realidad que constituye su objeto, esto es, si llega a determinar qué constituye su objeto, esto es, si llega a determinar lo que de verdad rige en base al ordenamiento jurídico»[115], con lo cual, como bien podemos comprender, sale a luz que el «deductivismo algorítmico» manejado por los juristas «constructivistas» inmerso exclusivamente en el pasado y que ahoga toda posibilidad futura de comprensión normativa proyectiva es lo que está de nuevo plenamente presente en su planteamiento demostrativo, y quizá ello incluso sin pretenderse en ocasiones. Precisamente, debido a este identificado motivo, permanece por completo ajena la idea de que el saber jurídico es en rigor saber práctico, vale decir, un saber de aplicación por fuer a las circunstancias contingentes y variables desde la relativización de las

[114] Como bien ha sido analizado por Gérard GENETTE, «La rhétorique restreinte», en: *Communications*, núm. 16, Paris, Du Seuil, 1969-1970, pp. 158 y ss. De ahí el también el fracaso de construcciones desarrolladas en perspectiva crítica, caso de la muy estimable y conocida obra –entre otras varias debidas al autor– de Chaïm PERELMAN, en colaboración con Lucie OLBRECHTS-TYTECA, *Traité de l´argumentation: La nouvelle rhétorique*, Paris, PUF, 1958, trabajo que se aparta de la concepción y del razonamiento cartesiano por la rechazable pretensión de este último de establecer límites injustificados a los ámbitos en los que interviene la facultad humana de razonar y demostrar, y de la que recordemos meramente su rechazo del dualismo kelseniano entre el ámbito del conocimiento y el ámbito de la voluntad, por su absoluta inadecuación a la esfera de lo jurídico.

[115] Enrique GIMBERNAT ORDENAIG, *Concepto y método de la ciencia del derecho penal*, Madrid, Tecnos, 1999, p. 5.

exigencias concretas espacio-temporales[116]. En eso consiste la pauta de comprensión hermenéutica de aperturidad y facticidad, en saber aplicar trascendiendo las meras implicaciones lógicas y el correspondiente resultado de una impresión profundamente desalentadora derivada de estas últimas, por cuanto entran en consideración de igual modo tanto las pragmáticas como las contextuales así como el esclarecimiento de los entimemas y demás figuras retóricas de los razonamientos histórico-efectuales[117]: la historicidad [*Geschichtlichkeit*] como determinación categorial que podemos únicamente entender una vez aceptemos y consideremos nuestra propia temporalidad. Historicidad verdaderamente positiva para la apertura de los horizontes del comprender, que no perspectiva meramente historiográfica de la tradición carente de cualquier interés retrospectivo/prospectivo, pues como espectacularmente considerara acerca de la misma historicidad Hans-Georg Gadamer, esta ya no constituye «un ámbito restrictivo de la razón y de su afán de verdad, sino que representa más bien una condición positiva para el conocimiento de la verdad. La argumentación del relativismo histórico pierde así todo fundamento real. La exigencia de un criterio para la verdad absoluta es un ídolo metafísico abstracto y pierde todo significado métodológico. La historicidad deja de evocar el fantasma del relativismo histórico»[118].

2.2. La puesta en marcha en sentido específico: su tarea propia

Establecidas las previas premisas genéricas en el punto anterior, destacamos a continuación aquellas cuestiones que nos parecen más específicas del *procedimiento estruc-*

---

[116] En el sentido del panrelacionismo propuesto por Richard RORTY, *El pragmatismo, una versión*, Barcelona, Ariel, 2000, pp. 139 y ss.

[117] Por todos, Hans-Georg GADAMER, *Verdad y Método…, op. cit., passim*.

[118] Hans-Georg GADAMER, *Verdad y Método…, op. cit.*, p. 106.

turante concretizador, sin que tampoco, dentro de los límites de este aludido modesto intento, podamos analizar exhaustivamente aquí la cuestión de forma sistemática; problemática de la normatividad expuesta y analizada rigurosamente a lo largo del desarrollo de la muy meditada obra del pensador bávaro respecto de la discusión de aquella en vistas a la existencia –construcción– de la Norma «relativamente a» [*Zu sein*] la solución de la controversia, aunque solo se logren equilibrios inestables momentáneos.

Por consiguiente, a tenor de las observaciones realizadas en el apartado anterior y aún sin grandes alardes sistemáticos, al objeto del desarrollo del planteamiento metódico que consideramos de solidez, la trascendentalidad de la propuesta o verdadero punto de arranque por mejor decirlo, se halla en la *distinción entre Texto de norma* y *Norma como resultado* de la facticidad del trabajo y tarea propia desenvuelta por los juristas guiados a luz de la singularización del caso, al término de cuyo proceso el existir fáctico jurídico que se muestra tras el mirar que llega verdaderamente al asunto específico a tratar, viene a identificarse consigo mismo en todas sus posibilidades. De ahí que el problema metódico vendrá expresado y delimitado por la *Normkonkretisierung statt Normtextauslegung*, vale decir, concretización de normas en vez de interpretación de textos de normas[119].

Lejos del aprovechamiento de opiniones superficiales extraídas en perspectiva argumentativo-constructivista a través de una hojeada simplista e incapaz de oír y de aprender, lo dispuesto por el texto para el *respectivo caso* ha de ser decidido siempre, y primeramente averiguado, en marcada confrontación con la problemática material en su mismidad [*Selbstsein*] efectiva, mediante la consideración de elementos reales y la observación de los límites comprobables de su enunciado directivo, pues como

---

[119] Antonio CASTANHEIRA NEVES, *Metodologia jurídica: problemas fundamentais*, Coimbra, Coimbra Editora, 1993, p. 145.

se ha dicho, la identidad entre la Norma y el Texto de la misma que la teoría y metodología tradicionales empedernidamente abrazan rutinaria y acríticamente, sin embargo, es tajantemente rechazada *ab initio* por la *metódica concretizante-estructurante* en su persecución del análisis pormenorizado de la estructura normativa con vistas a la obtención de normatividad, y ganando únicamente así perspectiva. Porque, según correctamente se sostiene, desde el plano de la teoría de la Norma, el positivismo cae en el irremediable error de interrogar acerca de la normatividad con absoluto descuido de la Realidad, en cuanto el conocimiento es para ellos mera función de la voluntad[120], con lo cual, termina perdiéndose por completo la dimensión estructurante-normativa del fenómeno jurídico, puesto que consideran no hay más cuerpos reales que los conceptos jurídicos[121]. Sin duda, el precio a pagar por este equívoco, eso sí maximalizado, además de la desconexión entre Norma y Realidad y de la contraposición entre Ser y Deber ser, es la subsiguiente confusión entre la «Norma» y el «texto de Norma», así como las consiguientes deducciones hueras de ello derivadas que comprometen decisivamente la normatividad jurídica en su desentendimiento de la experiencia fáctica. Ciertamente proceden de ese modo, pero a una buena predisposición de la Ciencia jurídica le corresponde por el contrario tomar en serio, como exigencia y como posibilidad, el entendimiento de la producción normativa desde su desarrollo primordialmente en el campo del *faciendum* y no solo en el ámbito del *factum*,

[120] Textualmente así se expone por Michel TROPER, al individualizar uno de los elementos de la trilogía conformadora de su tesis acerca de la interpretación, «Una teoria realista dell`interpretazione», en: *op. cit.*, p. 475; con todo, se ha visto en la necesidad de reconocer las dificultades inmanentes que presenta la interpretación de la Constitución, que necesariamente ha de ser realizada en atención a principios supraconstitucionales, «La nozione di principio sovracostituzionale», en: *Analisi e diritto*, 1996, pp. 55 y ss.

[121] Es el varias veces resaltado «*cogito, ergo est*» –lo pienso, luego existe– en el ámbito jurídico, propio de Friedrich-Carl VON SAVIGNY, y de Rudolf VON IHERING en sus primeras etapas.

ámbito este en el que se sitúa exclusivamente la metafísica positivista de la objetividad a la manera de si una ciencia natural se tratara; pero se ha de hacer por necesidad [*Notwendigkeit*] y fertilidad, a través de una facticidad inevitablemente inclinada y abierta a la realidad [*Realität*], a su riqueza, si bien, no supeditada por completo a la misma, ya que en el trascurso del *proceso estructurante* se lleva a cabo la «composibilidad» [*Komposibilität*] entre ambos elementos de la Norma[122], hasta conformar una unidad normativa comprendida en el sentido de unidad originaria de lo que mutuamente se pertenece que no rechaza ni pretende oponerse a un trasfondo ontológico[123]. No estamos, por lo tanto, frente una mera variante metodológica y simultánea revisión crítica consecuencia de la entrada en acción de elementos materiales que permiten el acceso a la inmediatez media de la problemática, sino, trascendiendo, ante una posición científica radicalmente diferente, y la consiguiente sustitución del modelo positivista que ello supone. Esta genuina puesta en solfa, es en buena medida la vuelta al *verum qui factum* o *verum ipsum factum* de Giambattista Vico, con la atrevida y anticipadora fórmula acerca del planteamiento de la verdad y la realidad, en su denodada defensa de los estudios humanísticos independizados respecto del método propio de las Ciencias naturales y el racionalismo.

Al tratarse la *metódica estructurante* de una desviación y de un combate abierto del pensamiento dominante, por cuanto sitúa contrariamente a la Norma jurídica en el ámbito de lo fáctico, proyecta Friedrich Müller una estructuración inicial de la forma mediante la identificación del Texto de Norma con un dato de entrada en el proceso de

[122] De indudable interés al efecto Hans FREYER, *Theorie des gegenwärtigen Zeitalters*, Stuttgart, Deutsche Verlagsanstalt, 1958, pp. 15 y ss.

[123] Pero sin caer en la acentuación del mismo propuesta por el esmerado y clásico trabajo de Arthur KAUFMANN publicado como *Analogie und Natur der Sache: Zugleich ein Beitrag zur Lehre vom Typus: Vortrag gehalten vor der Juristischen Studiengesellschaft in Karlsruhe am 22 April 1964*, Karlsruhe, C. F. Müller, 1965.

concretización, o *input* en el trabajo de producción de la Norma jurídica, toda vez la positividad del texto continua siendo un imperativo del Estado de Derecho que ha de ser respetado como límite material operante para la actividad jurídica no legislativa. Enunciado del texto que adquiere desde luego, dada esa su positividad que le es inherente, el carácter de auténtico acto de significación, pues como toda actuación atravesada por enunciados siempre lleva a cabo una cierta expresión significativa [*in bestimmter Ausdrücklichkeit*].

Desde esta dirección, demostrará Friedrich Müller la imposibilidad y lo errado de una concepción reductora del método jurídico a meras subsunciones silogísticas si se quiere entender algo incluso del propio texto positivo y sus componentes, en contra de lo defendido por el positivismo de forma unitaria que renuncia con esto a toda posibilidad de comprensión de la problemática de la normatividad. De resultas de este examen crítico propuesto por la *Teoría Estructurante del Derecho*, la estructura articulada de la Norma constitucional, o de cualquier otra Norma jurídica, ha de entenderse viene obligada a desplegar un doble movimiento, que es en realidad un movimiento de réplica a realizar tantas veces cuantas sea necesario por medio de la intersección conforme a la conceptualidad propuesta entre el *programa normativo* y el *ámbito normativo*; cuya correcta conexión –más que relación dialéctica– constituye en sentido propio a las dos partes de la Norma jurídica, y producirá –extraerá–, a través de la conexión operativa [*Zusammenarbeit*] establecida entre ambas, la *Norma de decisión* del caso individualizado, el objetivo final de la indagación llevada a cabo por el trabajador del Derecho en su quehacer. Ahora bien, con respecto a dicha tarea se puede decir que le es propio la conexión al modo de la articulada entre *Mito* y *Logos* –en el sentido de discurso que da cuenta de algo–, que van juntos, pero cuya relación cabalmente aquí ni es dialéctica ni mítica, es preferentemente una relación que constituye a las dos partes de la Norma jurídica. No en vano es la acción complementaria y recíproca –o si se prefiere relacional y comunicativa– de los dos elementos normativos la que, llevada a cabo por medio de un *proceso de trabajo estructurante,* produce la *Norma jurídica* como *Norma de decisión*, y, a su término, el caso jurídico a decidir, que no olvidemos inicia el *proceso concretizante*, se evidencia ante nosotros como un caso jurídico decidido. De cualquier modo, también hay que preguntar si este informarse de tal modo articulado y recíproco de las dos partes esenciales de la Norma jurídica no está exento de tensión, y, en efecto, ello es algo que se ha de dar por supuesto, e incluye también por tanto la garantía de un corregirse mutuamente a lo largo de su despliegue [*Zeitigungssinn*] en la dinámica que imprime el *proceso estructurante*, a la finalidad de no quedarse en la superficie y obtener una verdad reducida –no verdad–, lo que permite lograr aclaración de algo conforme a lo real. Pero para esto último es preciso llegar a las dimensiones profundas en las que se desarrolla la dinámica social como bien nos alertara Friedrich Nietzsche y el resto de los maestros de la sospecha, especialmente en lo referido a su cuestionamiento de la autocerteza de la propia conciencia y el subsiguiente nihilismo debilitante definitivamente de las verdades científicas absolutas[124].

De acuerdo con un concepto formulado con rigor y por primera vez realmente *post-positivista de Norma jurídica*, de naturaleza comprensiva e implicacionalmente completo, es propósito de la *Teoría Estructurante del Derecho* poner de relieve el fenómeno genuino de que la *Norma* emerge responsablemente *construida* a lo largo del *proceso de concretización* del Derecho; e incluso no es mero producto sino, más aún, una nueva Norma que nace

[124] Como aspecto positivo, manifestará Franco VOLPI en un sugerente análisis, el nihilismo nos ha dado la conciencia de que los modernos estamos sin raíces, que navegamos a ciegas en los archipiélagos de la vida, el mundo y la historia, puesto que en el desencanto carecemos de brújula y orientación; en definitiva, no hay más rutas ni trayectos ni mediaciones preexistentes utilizables, ni metas preestablecidas a las cuales llegar, *Il nichilismo*, Roma-Bari, Laterza, 1996.

en cada caso y vinculada al mismo[125], y en el nacimiento acontece siempre creación[126]: el propio existir normativo. En tal sentido se puede decir que, de acuerdo con el pensamiento de Friedrich Müller, la *Teoría Estructurante del Derecho* no es solo una nueva concepción normativa, sino que, más aún, nos presenta una concepción completamente innovadora de la teoría del Derecho[127]. Efectivamente, carecemos de obstáculos para admitir que la Norma jurídica no se encuentra plena en los enunciados de los textos positivos de Derecho, los cuales meramente enuncian una expectativa que solo cabe comprender y sostener con plausibilidad a la luz de la información pertinente disponible en un contexto práctico –revalorización determinante del contexto e incluso de la misma experiencia– constitutivo del horizonte práctico dentro del cual la Norma es comprendida como un valor que tiene consistencia real propia [*Eigenwert*]; pero inevitablemente también al mismo tiempo como *Dienstwert*, o valor al servicio de otros valores prevalentes. Esto es, admitido el anterior punto de inflexión, va ser factible concluir que la Norma jurídica únicamente será producida en cada proceso particular de solución jurídica, pues se da, por así expresarlo, en el complejo contexto de una situación –realidad fáctica– que actúa siempre a modo de causa productora[128]. Y como toda causa de tal naturaleza generadora de algo que se forma

[125] En similar orientación puede verse Josef ESSER, *Vorverständnis und Methodenwahl..., op. cit.*, pp. 27 y ss.

[126] De este modo, uno de los precursores de la Escuela del Derecho Libre, caso de Oskar BÜLOW, recoge la idea de que cada decisión judicial consiste en algo más que la aplicación de una Norma jurídica ya acabada, por ser asimismo actividad productora de Derecho, *Gesetz und Richteramt*, Leipzig, Duncker & Humblot, 1885.

[127] Friedrich MÜLLER, *Juristiche Methodik..., op. cit.*, p. 102.

[128] Es en el propio suelo patrio del maestro bávaro donde se ha visto o al menos se deja entrever en este punto la significativa confluencia del autor con las tesis leibnizianas, conforme a las que solo existiría el conocimiento teórico de lo práctico –a modo de ejemplo Lothar Fohmann, Roland Dubischar o el mismo Bernd Jeand`Heur –, si bien, estamos ante una cuestión que ahora únicamente dejamos tímidamente apuntada como han hecho los autores precitados.

por la acción de alguien –el trabajador del Derecho– llega a ser algo: *Norma de decisión*. Modo jurídico de trabajar completamente alejado del reconocido tradicional desdén con el que se (des)consideran los hechos insertos en la problematicidad de los casos a resolver por la inmensa mayoría de los tribunales continentales al expresar sus decisiones[129]. Así, escribe Friedrich Müller: *concretizar* no significa a la manera del positivismo antiguo hoy aún muy mayoritariamente vigente, interpretar, subsumir silogísticamente y concluir; como tampoco consiste al modo del positivismo sistematizado de la última fase de Hans Kelsen, en individualizar una Norma jurídica genérica codificada –que ya quedó definitivamente definida–, atendiendo al más restringido caso individual en el que el juez siempre integra el ordenamiento jurídico, y momento a través del cual las leyes debidamente cobran existencia[130]; de ahí que en varias ocasiones haya estimado que donde *el jefe de la Escuela de Viena* detiene ingenuamente el quehacer de su tarea es el punto en el que verdaderamente comienza el trabajo de los juristas, porque el precitado, moviéndose inconscientemente en el círculo de los imperativos, nunca tuvo conciencia de nuestro sometimiento al señorío de lo que constantemente «hace falta» por razones de libertad y de utilidad, pero desde esa lamentable inconsciencia o ausencia de consciencia, el normativismo desplaza los límites cuanto le venga bien y, sin embargo, a partir de esta apariencia de libertad, opera por completo al margen de

[129] Konrad ZWEIGERT / Hain KÖTZ, *Introducción al Derecho comparado*, México, Oxford University Press, 2002, p. 279.

[130] Expresivamente dirá Hans KELSEN: «Cuando el derecho tiene que ser aplicado por un órgano jurídico, este viene obligado a establecer el sentido de la norma que aplicará, tiene así que interpretar esas normas. La interpretación es un procedimiento espiritual que acompaña al proceso de aplicación del derecho, en su tránsito de una grada superior a una inferior», *Reine Rechtslehre...*, *op. cit.*, p. 249. Para la interpretación mantenida en el texto del pensamiento kelseniano acerca de la cuestión de las sentencias individuales en el orden jurídico, remitimos por todos a la buena explicación de Carlos COSSÍO, *El Derecho en el derecho judicial*, 1ª ed., Buenos Aires, Kraft, 1945.

la misma y frecuentemente en contra[131]. Por lo tanto, tampoco hay coincidencia pero sí mayor proximidad con la tesis de Gustav Radbruch aún dominada por el cientificismo, desde la que si bien un tanto tautológicamente parece aceptarse que «el Derecho es Realidad» al servicio de la «idea de Derecho», termina concluyendo que el mismo no está integrado por la totalidad de las normas sino por la totalidad de los fallos o decisiones[132].

Incluso en menor medida aún coincidirá con Carl Schmitt, al que denuncia con contundencia, en cuanto procede, según señala, a la disolución completa de la normatividad constitucional producto del decisionismo que tiene como norte[133], lo que conduce a una superación total de la normatividad jurídica que se asemeja a la limitación de la normatividad impuesta por la Teoría Pura del Derecho. No puede pasarse por alto que, para el autor precitado, en su atropello de la normatividad cuando ello sea necesario a efectos de decisión, previo a la Norma jurídica está la vida –por ahí se ha querido en ocasiones buscar precisamente cierta similitud–, si bien es una vida ordenada, con lo cual, el orden de la misma revela a su juicio la existencia de una Norma oculta, de modo que solo la decisión acorde a ella produce sentido, y como bien se comprende, la distancia también es apreciable en este punto, porque en el *proceso estructurante* seguido por el trabajador del Derecho le

---

131 En similares términos remitimos a Bernd JEAND`HEUR «Die neuere Fachsprache der juristischen Wissenschaft seit der Mitte des 19. Jahrhunderts unter besonderer Berücksichtigung von Verfassungsrecht und Rechtsmethodik», en: *Fachsprachen Languages for Special Purposes: ein intenationales Handbuch zur Fachsprachenforschung und Terminologiewissenschaft*, ed. de Lothar Hoffmann/Hartwig Kalverkämper/Herbert Ernst Wiegand, Berlin-New York, Walter de Gruyter, 1998, pp. 1286 y ss.

132 Gustav RADBRUCH, *Filosofía del Derecho*, Madrid, EDP, 1933, p. 160.

133 Uno de los momentos de mayor sinceridad al efecto puede situarse en Carl SCHMITT, *Politische Theologie. Vier Kapitel zur Lehre von der Souveränität*, Berlin, Duncker & Humblot, 1922, obra en la cual se despacha con la afirmación de que el orden jurídico, y todo orden social en general, se fundamenta en una decisión, previa naturalmente a cualquier Norma jurídica.

corresponde a este la creación de la Norma jurídica, no se limita a relevar su pretendida existencia oculta[134]. En efecto, como expone William Scheuerman, el decisionismo schmittiano sustenta que la Norma jurídica para nada es el principio regulador eficaz de la decisión, y abraza así decididamente la tesis de la indeterminación del contenido de esta última, cuya consecuencia conduce a la necesidad de construir una teoría normativa diferenciada y situada al margen de la pretendida completud del ordenamiento[135].

Sin embargo, alguna coincidencia pudiera aparentemente vislumbrarse en cierto aspecto con el en otros momentos por nosotros criticado Ernst Forsthoff debido a la cerrada e incondicional defensa por este de la interpretación constitucional y legal como precisa «identificación de la subsunción correcta en el sentido de inferencia silogística» en la expresión precisa de Friedrich Müller, cuando rechaza la existencia del Derecho en lo que sin embargo equívocamente denomina «estado normativo». Pues al admitir que la Norma únicamente desarrollará «eficacia entre los hombres a través de la mediación de la personalidad», ello según señala pone de relieve los evidentes límites de lo normativo, toda vez tan solo «la realización del juicio, la valoración por el juez, hace la ley aplicable al caso concreto»: la «norma no puede decidir nada, tan solo guiar o conducir la decisión»[136]; con todo, en la medida en la que es pretensión del autor anexar Derecho y Realidad respetando la alteridad de ambos pero sin reconocer que en el proceso jurídico están ligados esencialmente y que esta vinculación tiene mucho más alcance y es más profunda –el vínculo constitutivo de lo jurídico–, estamos tan

---

134 Friedrich MÜLLER, *Juristische Methodik…*, *op. cit.*, p. 41.

135 William E. SCHEUERMAN, *Carl Schmitt: The End of Law*, Lanham-Maryland, Rowman & Littlefield Publishers - Inc., 1999, pp. 8 y ss.

136 Ernst FORSTHOFF, *Grezen des Rechts: Vortrag gehalten auf der Kant-Feier der Albertus-Universität am 12. Februar 1941*, Gräfe und Unzer, Königsberg, 1941, entre otros momentos p. 22; razonamientos que proseguiría en *Recht und Sprache. Prolegomena zu einer richterlichen Hermeneutik*, Halle, Niemeyer, 1940.

solo ante algún indicio de coincidencia parcial, vale decir, ante la no coincidencia.

2.3. La doble dimensión de la Norma jurídica en su modo de ser: la coherente relación estructuralmente constitutiva y decisiva para el evento entre sus dos partes

La *metódica normativo-estructurante* presupone la existencia de una implicación constitutiva, necesaria pues, y ciertamente decisiva, entre las dos partes de la Norma jurídica que se copertenecen y son conceptualizadas como: *programa normativo* y *ámbito normativo*; es decir, establece un nexo de constante unificación para su asunto propio: engarzados por mor de [*Worumwillen*] la articulación de carácter relacional entre los preceptos jurídicos positivos y la Realidad que ellos mismos intentan contribuir a su regulación. Como hemos venido insistiendo, este nuevo horizonte de inquietud [*Bekummerung*] normativa trae consigo el reconocimiento de reciprocidad complementario-constitutiva entre Norma y Realidad, y constituye una perspectiva superadora a la que se llega mediante el rechazo apuntado de la identificación de la Norma con el texto de la misma[137].

La estructura bidimensional de un orden posible y propio de la Norma jurídica concebida desde la *Teoría Estructurante del Derecho*, salta por encima del abismo positivista y señala de esta suerte la particularidad soldadura del co-estar existencialmente constitutivo entre *programa de la norma* y *ámbito normativo*, llevada a cabo por medio de una relación plena y estructurada. Y justamente por eso, la Norma en cuanto fenómeno jurídico real solo pue-

---

[137] Por contraste, identificación entre texto y Norma, y entre Norma ya dada –puesta– y aplicación de la misma, reproducida con meridiana claridad en una obra sobre cuestiones metodológicas recientemente producida entre nosotros, Virgilio LATORRE LATORRE, *Bases metodológicas de la investigación jurídica*, Valencia, Tirant lo Blanch, 2012, entre otros momentos, p. 22.

de comprenderse y es percibible como una articulación o compleción de totalidad y carácter intencional de estas dos «dimensiones» a través del aludido *proceso estructurante de comprensión y construcción*: conexión interna de identidades estructurales que conforma la «comunidad de estructura» [*Strukturzusammenhang*] normativa. La Norma está ahí gravada –lo es– en ese *proceso estructurante* de interactuación y cuya existencia en sí misma lo es a partir de las posibilidades desde las que se realiza. Proceso perfectamente caracterizado por Konrad Hesse a través de la referencia a la incapacidad de la Constitución, entendida en el contexto de su afirmación como texto positivo, para «engendrar nada que no se halle ya en la disposición individual del presente»[138]. Para ello, como juristas, ajenos a toda pasividad o inercia propias del positivismo «reejecutor», es necesario que procuremos, y podemos procurar, desentrañarla, a través de la acción desarrollada por medio de un proceso anasintáctico, esto es, inductivo/deductivo a la vez, que constituye base suficientemente firme y amplia para permitir coactuar y rechazar tanto el subjetivismo como el objetivismo propios de las habituales concepciones positivistas, y en el que está siempre presente el elemento creativo[139].

Tal vez, lo especial y propio, el punto central, podemos reconocerlo en el hecho de que a lo largo del desarrollo de este *proceso estructurante* se consideran normativos aque-

---

138 Konrad HESSE, *Escritos de Derecho Constitucional...*, *op. cit.*, p. 84.

139 Javier JIMÉNEZ CAMPO apuntará expresamente que la tarea del intérprete es «la de construir la norma» por medio de «una "decisión responsable"», «Interpretación de la Constitución», en: *Enciclopedia Jurídica Básica*, Vol. III, VV. AA., Madrid, Civitas, 1995, p. 3688. Y por otra vía a la que se viene considerando, así lo entendemos, termina llegando a una estimación similar Josef ISENSEE, «Vom Ethos des Interpreten. Das subjektive Element der Normauslegung und seine Einbindung in den Verfassungsstaat», en: *Staat und Recht. Festschrift für Günther Winkler*, ed. de Herbert Haller/Christian Kopetzki/Richard Novak/Stanley L. Paulson/ Bernhard Raschauer/Georg Ress/Ewald Wiederin, Wien, Springer, 1997, pp. 367 y ss.

llos elementos formales y materiales que confieren una dirección o rumbo al proceso decisorio además de delimitar el ámbito material de influencia, y sus esfuerzos desde la libertad de la razón encaminados a encontrar cada vez la mejor solución factible, esto es, elementos sin los cuales el caso sería decidido de manera diferente. Esos elementos característicos integran el *programa de la Norma* –datos lingüísticos– y el *ámbito de la Norma* –datos reales–, pero, como se verá, esto último es algo bien distinto del denominado principio de «autonomía» de los hechos. Así, pues, el trabajador del Derecho que pretenda solucionar una controversia operará normalmente mediante la inicial narración o «relato del caso» [*Fallerzählung*], y el *proceso de concretización* continua en su desarrollo hasta llegar a concretar el «estado de hechos» [*Sachverhalt*] válidos del caso, seleccionados de entre los propuestos por la Realidad, y conforme a sus características selecciona en un primer momento de entre la masa de textos de normas positivas vigentes aquellas hipótesis de textos de norma [*Normtexthypothesen*] que considera pertinentes, que serán los destinados a adquirir normatividad. A partir de aquí procederá a la delimitación o integración del «ámbito material» [*Sachbereich*], o grada primera a la que llega el trabajador del Derecho en el proceso de producción de la Norma jurídica. Por tanto, el «ámbito material» [*Sachbereich*] será el producto de la confrontación de las circunstancias del caso o «estado de hechos» [*Sachverhalt*] –aquellos hechos que pasaran por el filtro de juridicidad de lo provisional del Derecho– con las hipótesis de textos de normas válidos y a ellos relacionables. Esto es, mediante el análisis del estado de hechos [*Sachverhalt*], el operador del Derecho entiende que son pertinentes los textos de normas que selecciona. Y de esa relación entre hipótesis de textos válidos y el estado de hechos referidos al caso, se llega al «ámbito material» [*Sachbereich*]. Nótese que, en cuanto al tránsito adecuado del «relato del caso» [*Fallerzählung*] para determinar el «estado de hechos» [*Sachverhalt*], tal modo de proceder es realizado solamente a partir de la precomprensión del operador jurídico, y que el paso del «estado de los hechos» a considerar para el «ámbito material» [*Sachbereich*] envuelve ya su confrontación con textos de normas válidos en su positividad[140]. A su vez, más explícitamente, el *programa normativo* exige el análisis estructurado del texto normativo –elemento lingüístico–, y toda vez se trata de una de las partes de la Norma jurídica, constituye un resultado intermediario y provisional de la comprensión de todos los datos lingüísticos; esto es, el *programa normativo* es el resultado de la *concretización* del texto normativo, o sea, de lo que viene expresado por el tenor literal, bien que con el empleo de todos los recursos interpretativos auxiliares, y se forma a partir de los datos lingüísticos, pero evoluciona –al menos puede, o normalmente lo hace– en el transcurso del *proceso estructurante*.

Ciertamente, se puede decir que el *ámbito normativo* tiene asimismo carácter co-constitutivo en cuanto elemento constituyente y parte integrante de la Norma jurídica, y comprende las interferencias provocadas en el mismo a causa de la entrada de los datos empíricos procedentes de la realidad histórica seleccionada a efectos del caso, puesto que el objeto material co-estructura los procedimientos así como los resultados normativos[141], con lo que se rechaza por completamente inapropiada para lo jurídico la recíproca referencialidad de objeto y método y con ello la teoría neokantina del conocimiento; por lo cual nos inclinamos a considerar evita la omnipotencia de la reflexión, por medio específica y precisamente del fijado de límites a la misma a través del pensamiento de la realidad efectiva. Pero, justamente por eso, en este modo de observar «el todo» de la Norma jurídica, no es un conglomerado de hechos materiales como a veces se banaliza, porque «Realidad» no es aquí exactamente igual que materialidad física o corpórea sino la manera de ser de lo que tiene el carácter de materialidad y resulta circunspectivamente accesible a partir de la conexión de elementos estruc-

140 Friedrich MÜLLER, *Métodos de trabajo…*, *op. cit.*, pp. 192 y ss.

141 Similarmente Ulfried NEUMANN, «Zum Verhältnis von philosophischer und juristicher Hermeneutik», en: *op. cit.*, pp. 26 y ss.

turantes extraídos de la realidad social desde la perspectiva selectiva y valorativa del *programa normativo*. Ante lo cual, va a ser de suma importancia la determinación *–diferencia–* de los aspectos de la realidad social que solo pueden entrar en la dogmática y metódica jurídicas completamente nuevas en interés de la normatividad pertinente para el caso, y al servicio de la factible racionalidad específicamente jurídica en vinculación a la Norma[142]; dicho de otro modo, el «ámbito del caso» [*Fallbereich*] consiste en la parcela de la realidad relevante para el trabajo de concretización.

2.4. La recuperación del lugar determinante del trabajador del Derecho en el contexto de la Metódica estructurante

De hecho, si lo anteriormente expuesto está convenientemente formulado en un tanto, con tales observaciones hemos llegado a entender que el arriba caracterizado *proceso estructurante* de producción normativa adquiere carácter de direccionalidad, incluso puede decirse de funcionalidad relacional, en cuanto en sentido ajeno a la hipotética intención del autor de un texto positivo, es convertido por la acción del trabajador del Derecho en verdadero conjunto de actos dotados de significación. Es claro, pues, que para este planteamiento el *proceso comprensivo-aplicativo* no tiene carácter cognitivo-constructivista desde arriba sino fundamentalmente *creativo-descriptivo-constitutivo* a partir de la base, esto es, resulta acto o actividad inspirándose en el caso que opera de fundamento; es actualización o extracción del Derecho para su realización plena y permanente en cada decisión adoptada a través del impulso y voluntad del trabajador del Derecho vuelto hacia lo real tal como se muestra, toda vez el agente

[142] Una ajustada crítica de las posiciones que pretenden alcanzar en sus planteamientos una especie de racionalismo jurídico carente de matices y límites, puede verse en Gerhard STRUCK, *Zur Theorie juristischer...*, *op. cit.*, pp. 96 y ss.

normativo desarrolla atendiendo a la antedicha razón una actividad primaria y esencial a lo largo del *proceso concretizante*.

Por lo demás, el doble carácter retrospectivo y prospectivo del *proceder estructurante* desarrollado por el trabajador del Derecho[143], se plantea en toda su vitalidad [*Lebendigkeit*], al objeto de aprovechar la ayuda que supone la distancia en el tiempo cuando ello sea beneficioso para el entender profundo, porque en cada acto de repetición hay sin embargo una nueva fundación, y mirando hacia el futuro cuando la distancia resulte encubridora: la temporalidad a la que se llega desde la intratemporalidad. Si somos capaces de escuchar y seguir la propuesta metódica apuntada desde la *Teoría Estructurante del Derecho*, de entrada, esquivaremos la exclusiva vinculación textual –fuerte tentación de «adoración», desde luego, que se le ofrece a todo *trabajador jurídico*– tal como venimos viendo, y atenderemos en su especificación a las condiciones para el desarrollo de los medios de un trabajo controlable, operado en el sentido más amplio posible de la fundamentación, decisión y representación de las funciones jurídicas, a través de una serie de elementos legitimados todos dentro del ámbito jurídico del caso que es el encargado de fundamentar su concatenación, de modo que se establezca la adecuada progresión al objeto de *configurar la Norma de decisión* en toda su consistencia [*Beständigkeit*][144]. Esto es, *concretización* normativa supone intervención del trabajador del Derecho en el proceso de desocultación de lo normativo y construcción de la Norma jurídica, no concreción de la misma, ya que la Norma carece previamente

[143] La frecuente argucia de acudir solo a la retrospección es analizada y justamente criticada en diversos momentos por Luís-Roberto BARROSO, *Interpretação e apliação da Constituição*, 7ª ed., São Paulo, Saraiva, 2009.

[144] Una visión similar se encuentra en Bernd JEAN D` HEUR, «Die neuere Fachsprache der juristischen Wissenschaft seit der Mitte des 19. Jahrhunderts unter besonderer Berücksichtigung von Verfassungsrecht und Rechtsmethodik», en: *op. cit.*, pp. 1286 y ss.

de existencia, y no es aplicada, es producida con ocasión del acto de decisión en la resolución del caso[145]; por tanto, comprende necesariamente tanto la construcción como la aplicación, y con ello la solución de la problemática jurídica suscitada.

Expresado en otros términos, la concretización jurídico-constitucional viene obligada a cumplir unas normas razonables, controlables y objetivamente comprensibles de un orden justo y actual propio del Estado social y democrático de derecho con cuyo modelo de convivencia nos hallamos activamente implicados, operando con infraestructuras que no están ancladas exclusivamente en el «Derecho». Infraestructuras que, a modo de premisa, deben existir cual horizonte de expectativas y de entendimiento en función del momento histórico, de las condiciones sociales y de lo que sucede por encima de nosotros, esto es, aquello que acontece trascendiendo nuestro propio querer y hacer, como magistralmente ha resaltado Hans-Georg Gadamer en orden a la comprensión de las Ciencias del espíritu mediante la incorporación del definitivo giro filosófico-efectual a su hermenéutica de la facticidad, por lo que es preciso asumir el entendimiento de la existencia misma «como ejecución de la comprensión»[146].

Ahora bien, a diferencia de la especulación *heideggeriana*, de conformidad con la cual el «ser» sucede en un acontecimiento originario del que el hombre no es protagonista, pues, antes bien, se constituye en destinatario de tal acontecimiento –que es un enviarse del Ser epocalmente–, en nuestro caso –ámbito– el jurista sí es auténticamente protagonista en el desarrollo de su trabajo, al modo preconizara Rüdiger Bubner para la epocalidad científico-social. Se consolida claramente de este modo un planteamiento de superación [*Überstieg*], haciendo saltar el mani-

[145] Entre otras obras de Friedrich MÜLLER, y en muy diversos momentos de la misma, véase *Strukturierende Rechtslehre*, 2ª ed., Berlin, Duncker & Humblot, 1994.

[146] Hans-Georg GADAMER, *Los caminos de Heidegger*, Barcelona, Herder, 2003, p. 169.

queísmo propio de los intentos pseudo-tecnológicos que en nuestro ámbito se traducen en el «*machinisme*» jurídico de la nueva escuela «galileo-cartesiana» de Jurisprudencia[147], empedernidamente trasladados por el positivismo normativista cual modos de mediación a nuestra Ciencia social normativa aplicada a partir de los para nosotros inservibles paradigmas naturalistas y luego tecnológicos[148]; los cuales, por demás, sin minusvalorar los trascendentales avances logrados, han dado lugar a un mundo hispertecnificado, cierto es, pero de igual modo a una situación verdaderamente caótico-globalizada, aunque evidentemente no sean ellos los causantes principales.

En este sentido, se ha podido concluir que la *metódica* en parte hermenéutica y *concretizante* arranca de la constatación de que la comprensión de cualquier texto normativo comienza por la pre-comprensión del intérprete, a quien compete la *concretización* de la Norma jurídica a partir de una determinada situación histórica conformada por el ámbito en el que el problema se sitúa. Y se hacen

[147] Hans-Georg GADAMER, «Selbstdarstellung», en: *Philosophie in Selbstdarstellungen*, Bd. III, ed. de Ludwig-Jakob Pongratz, Hamburg, Felix Meiner, 1977, pp. 60 y ss., especialmente pp. 80 y ss.

[148] Acerca de esta evolución pueden verse las consideraciones recogidas en el ensayo de Josep-María ESQUIROL CALAF, donde destaca que la experiencia primigenia de la naturaleza en plena acción, solo experimentable por nosotros mismos, comporta la experiencia que justamente rompe la mirada tecnocrática, *El respeto o la mirada atenta. Una ética para la era de la ciencia y la tecnología*, Barcelona, Gedisa, 2006. Y, de este modo, si ya Carl SCHMITT a mediados del siglo pasado alertara acerca de que la «tecnificación y la industrialización son hoy el destino de nuestra tierra», en el comienzo del actual siglo puede seguirse en Pedro DE VEGA GARCÍA una sólida y bien articulada crítica respecto del carácter instrumental y perverso para las Ciencias sociales propio de las «ensoñaciones del doctrinarismo tecnocrático», véase del primero «Die Geschichtliche Struktur des heutigen Welt-Gegensatzes von Ost und West: Bemerkungen zu Ernst Jüngers Schrift "Der gordische Knoten"», en: *Freundschaftliche Begegenungen: Festschrift für Ernst Jünger zum 60. Geburtstag*, ed. de Armin von Mohler, Frankfurt am Main, Vittorio Klostermann, 1955, y del segundo «La democracia como proceso: consideraciones en torno al republicanismo de Maquiavelo», en: *Revista de Estudios Políticos*, núm. 120, 2003, especialmente pp. 10 y ss.

sobre el tema las siguientes consideraciones: el discurrir sobre la normatividad –pertenece a la Norma según el entendimiento vehiculado por la tradición– no es producido por su texto, antes bien, resulta de datos extralingüísticos de tipo estatal-social; del funcionamiento real y de la actualidad efectiva del ordenamiento constitucional mediante motivaciones empíricas en su área de actuación; de factores que, en fin, quiérase o no, son imposibles de fijar a partir exclusivamente del texto de Norma y al margen del ámbito de manifestabilidad[149]. Porque, únicamente para el positivismo resulta posible concebir la Norma «dada» sin referencia a la acción de los juristas encargados de la *concretización*, esto es, como una especie de derecho objetivo separado de la facticidad, existente en sí y esclarecido de modo exacto mediante una cadena de deducciones de los textos a través del sistema axiomático-deductivo propio de la logística.

Tengamos presente, sin embargo, que rechaza en su actuar la forma de proceder unilateralmente progresiva, por cuanto defiende de modo determinante la alternativa y recíproca llevada a cabo por el operador jurídico encargado de resolver el caso, ya que el *programa normativo* como concepto e impulso de trabajo –por ello, de carácter activo e interseccionado siempre de «referencias»– opera verdaderamente actuante en todos los supuestos, volviéndose de vez en vez al estado de cosas a la búsqueda irrenunciable de datos objetivos, y estos, a su vez, retornando consecutivamente en su actividad al primero; movimiento del producir [*Bewegung des Herstellens*] generador de la normatividad, movimiento que estimula y «se impone», e inclusive elimina en términos hartmannianos lo ya formado; aunque se vuelve cuando sea necesario aristotélico, a fin de hacer bien las metáforas para percibir las relaciones

149 Gilmar MENDES / Inocêncio-Mártires COELHO / Paulo-Gustavo BRANCO, *Curso de direito constitucional*, 4ª ed., São Paulo, Saraiva, 2009, pp. 125 y ss.

de semejanza y aprovechar lo preciso[150]. Téngase también en cuenta que mediante este proceder emerge la normatividad procesual a la conciencia del jurista[151], por conjunción de carácter intencional [*Gegenwärtighaben*] entre *programa normativo* y *ámbito normativo*, hasta configurar reflexivamente la *Norma de decisión* [*Entscheidungsnorm*] del caso concreto, que se convierte en un modelo de orden objetivamente determinado en el ahora de cada momento y que puede coincidir en sus estructuras básicas con un caso anterior, pero siempre habrá otras igualmente caracterizadoras e inexistentes en la experiencia previa.

La intencionalidad social, aclararía Martin Heidegger, no puede concebirse como voluntad, pues esta, en tanto que actividad, no persigue algo distinto de ella misma, no se propone una meta, tan solo tiene por objetivo perpetuarse. Y aparece de esta manera en nuestro caso mediante el estudio de la estructura existencial de aperturidad propia de la comprensión en su carácter de ser, de puesta en obra de la facticidad, como consecuencia de los fines, acciones y *prasis* desenvueltos en su quehacer por el trabajador del Derecho; actividad jurídica que entregándose a la «cosa» se atiene a la metódica descrita por nosotros en lo peculiar, y efectivamente hace método, coincidiendo en este último aspecto con alguna de las propuestas debidas a Nicolai Hartmann. No obstante, sabemos bastante exactamente por las circunstancias operantes, que introducido en superior o inferior grado ese giro hermenéutico, la cuestión ya no consistirá más en una «cuestión de método» en las Ciencias sociales, pasando a ser al menos parcialmente hermenéutica práctico-efectual[152].

[150] Véase sobre la cuestión más genéricamente *Tópicos*, VIII-14; se ha consultado ARISTÓTELES, *Tratados de lógica. Órganon*, Madrid, Gredos, 1981.

[151] En el sentido de Johann-Gottfried HERDER, *Obra selecta*, Barcelona, RBA, 2002, pp. 155 y ss.

[152] Entre otros autores confirman tal dirección por referencia al Derecho Constitucional, Ernildo STEIN, «Novos caminhos para uma filosofia da constitucionalidade», Presentación de la obra *Jurisdição Constitucional e Hermenêutica - Uma Nova Crítica do Direito*, 3ª ed., Rio

2.5. Concretización en cada ocasionalidad: de la positividad a la normatividad como posibilidad y «propiedad» [Eigentum]

La separación entre «Norma» y «Realidad», dirá la *Teoría Estructurante del Derecho* conforme se deduce de lo que venimos afirmando, se corresponde metodódicamente a la identificación entre Norma y texto de Norma. Consiguientemente, para Friedrich Müller, en el momento en que buena parte de los juristas hablan y escriben acerca de *la Constitución* entienden por tal meramente el texto de la misma; y, de igual modo, cuando hablan de *la ley* entienden por ella su tenor literal[153]. A *contrario sensu*, la nueva dirección que ha tomado la hermenéutica jurídica de la facticidad en su especificidad de la *Teoría Estructurante del Derecho*, nos lleva forzosamente a destacar la realidad fundamental de la *diferencia* entre *Norma jurídica* y *texto de Norma* y, en tal sentido, el tenor literal de una prescripción de Derecho positivo –que es indudablemente importante y parte de la normatividad– resulta ser tan solo la *punta del témpano*[154]. Pero, a la vez, la *Teoría Estructurante del Derecho* diferencia claramente como venimos viendo la positividad de la normatividad según modos de ser [*Seinsmodi*], al margen de su indudable relación integradora, a partir de la consideración, decimos, de la importancia desde luego del significado y alcance de

de Janeiro, Forense, 2004, p. XIV; ideas que también comparte en diversos momentos Nelson SALDANHA, *Formação de uma teoria constitucional*, Rio de Janeiro, Renovar, 2000.

153 Aunque la concepción estructurante le sobrepasa considerablemente en extensión y profundidad, este concreto rechazo ya puede verse en Tulio ASCARELLI, puesto que la Norma jurídica no es para este autor un mero texto sino que únicamente existe con motivo de su interpretación/aplicación en cada supuesto, y una vez constituida y aplicada al caso se vuelve mero texto de nuevo, «Giurisprudenza Costituzionale e teoria dell` interpretazione», en: *Problemi Giuridici*, Vol. I, Milano, Giuffrè, 1959, pp. 140 y ss; tesis que en el contexto doctrinal italiano acoge, entre otros, Ricardo GUASTINI, *Le Fonti del Diritto e l`Interpretazione*, Milano, Giuffrè, 1993, pp. 337-338.

154 Friedrich MÜLLER, *Juristiche Methodik...*, *op. cit.*, p. 75.

los textos de normas, reflejo de su opción política en favor del poder constituyente del Pueblo entendido como elemento normativo e instancia de legitimación permanente de toda actividad estatal, todo lo cual no obsta para que rechace la sobrevaloración y confusión en la que incurren los planteamientos que ultravalorando los textos identifican Norma jurídica y texto de la misma. La positividad, de acuerdo con la construcción del Estado democrático de derecho, es una característica de los textos vigentes de normas adquirida a partir de su fijación semántica; sin embargo, lo propio de la normatividad constituye un elemento dinámico en sentido propio que deriva de la naturaleza estructurante del texto jurídicamente normativo en su confrontación con el segmento de la realidad así co-fundamentada, y no a modo de objeto de una orden dirigida a tal sector con el que se mantienen *ex post facto* relaciones correlativas, dialécticas, polares etc. Podemos decir, según esta concepción, que la normatividad es histórica y materialmente concreta, pero la Norma así «determinada materialmente no está constituida por una mera suma de hechos, sino por una conexión de elementos estructurales que aparecen configurados en el programa normativo y que son determinados desde la realidad social»[155], por cuanto como regulación vinculante creada por el jurista para cada caso de la realidad social y orientado por el programa normativo, retoma conscientemente los datos materiales y las relaciones empíricas pertinentes extraídas de la realidad social como otra parte de lo mismo para la resolución de la controversia.

A los afanes de la *metódica estructurante*, y ello es significativo, el contenido objetivo y materialmente determinable de una Norma jurídica a través de la *concretización* normativa [*Normkonkretisierung*] adquiere reflejo en su capacidad de actuar efectivamente, con lo

[155] Juan-Carlos GAVARA DE CARA, *Derechos Fundamentales y desarrollo legislativo. La garantía del contenido esencial de los Derechos Fundamentales en la Ley Fundamental de Bonn*, Madrid, CEC, 1994, p.108.

que, desde su no-objetualidad comprendida en el sentido heideggeriano de no caracterizarse negativamente sino como rasgo fenoménico-positivo que remite a la presencia [*Präsenz*] cuya estructura emerge a la luz, se determina ulteriormente el contenido de la Norma legal al enjuiciar el caso individual[156]. Con ello nos referimos, evidentemente, al hecho de que la Norma jurídica como modelo de ordenación determinado cobra sentido en su normatividad procesual, con lo que propiamente habría que admitir entonces la situación objetiva [*Sachgehalt*] a la que es factible llegar a través del proceso transido de juicios de razón sobre hechos reales, que desplazan por esta vía esa especie de fe inquebrantable, tan superficial como ingenua, inherente a los cientificismos tecnojurídicos, porque la *concretización* de la Norma jurídica no significa silogismo, subsunción, aplicación efectiva o individualización concreta del Derecho a partir de la norma general[157].

Por concretizar, admitámoslo, es necesario entender la producción de la totalidad existencial del todo estructural constitutivo de la *Norma de decisión* como auténtica *manera de ser* [*Seinsweise*] de la *Norma jurídica* elaborada en el decurso temporal de solución de un caso real –o hipotético–, plenamente atenta, pues, ante las exigencias planteadas por el supuesto que ha dado lugar al conflicto

---

[156] De este modo reconocido por el propio Karl LARENZ, *Metodología de la Ciencia del Derecho*, Barcelona, Ariel, 1994, p. 360 entre otros momentos.

[157] Puede verse Antonio CASTANHEIRA NEVES, *Metodologia jurídica..., op. cit.*, p. 83. Y según señala Antonio VILLACORTA CAÑO-VEGA, el autor que seguramente emplea por primera vez más asiduamente el término *Konkretisierung* es Karl Engisch, en el intento de comprender mediante el mismo la inclusión de la reconstrucción de los hechos junto a la interpretación de las normas en el proceso global de interpretación. Posteriormente es empleado por los autores críticos con el positivismo, a fin de explicar que la comprensión-interpretación consiste en el desarrollo de bastante más actividad que la concreción de los sentidos contenidos en un texto lingüístico, «¿Interpretación jurídica o comprensión jurídica?; al menos: comprender para interpretar», en: *Revista de las Cortes Generales*, núm. 84, 2011, p. 316.

social y exige una solución jurídica en el marco del sistema democrático con arreglo a los postulados del Estado de derecho[158]. Lo que desde la *Teoría Estructurante del Derecho* se entenderá por *concretización* práctica en el proceso real, progresivo y dinámico, conforme al que se produce la *Norma de decisión*; por tanto, no es tarea en modo alguno de concreción, vale decir, mera individualización de una Norma jurídica genérica dada previamente en dirección al caso individual más restringido[159]. Lo anterior demuestra cómo el *telos* de la *Teoría Estructurante* estriba en la «controlabilidad» de los procesos de decisión que «dentro de los límites de rendimiento efectivo de la lengua natural» únicamente puede ser referida en sentido radical a la metódica de trabajo de los juristas, y no a un resultado o a un significado prefijado que en momento alguno se considera temáticamente[160], e idea con la se muestra un decidido distanciamiento [*Abständigkeit*].

A la vista de la consideraciones previas, por de pronto, surge en este punto la cuestión problemática de cómo podemos enfocar ahora convenientemente la comprensión/creación de la Norma jurídica a partir de haber superado la ficción elevada a dogma de una norma general por tanto inexistente, y su sustitución por un modelo de ordenamiento materialmente determinado y determinante, esto es, un elemento con pretensión normativa que no posee existencia autónoma[161]; contrariamente, notificamos de nuevo la presencia de una Norma que únicamente se justifica en

[158] Friedrich MÜLLER, *Normstruktur und Normativität. Zum Verhältnis von Recht und Wirklichkeit in der juristischen Hermeneutik, entwickelt an Fragen der Verfassungsinterpretation*, Berlin, Duncker & Humblot, 1966, p. 90.

[159] Semejante pretensión era habitual en Hans KELSEN, por ejemplo, su «Was ist juristischer Positivismus?», en: *JuristenZeitung..., op. cit.*, 1965, pp. 465 y ss.

[160] Friedrich MÜLLER, *Normstruktur und Normativität ..., op. cit.*, p. 104.

[161] Según comprensión de Ralph CHRISTENSEN / Andreas FISCHER-LESCANO, *Das Ganze des Rechts*, Berlin, Duncker & Humblot, 2007.

tanto referida a la realidad de su aplicación y que al mismo tiempo aparece siempre condicionada por esta cual parte integrante de la misma. O, dicho sucintamente de otro modo, se acerca por este lado la *Teoría Estructurante del Derecho* al saber práctico propio del hombre fáctico propuesto por Hans-Georg Gadamer, postura seguida sustancialmente por todos los juristas que arrancan o tienen en cuenta la hermenéutica de la facticidad y la existencia misma como ejecución en su proceso de comprensión e interpretación en el que se ha de valorar la continuidad histórica entre situaciones cronológicamente diversas; considerando que, como bien se ha expuesto, en el ámbito global de la Hermenéutica, la considerada «capital» de la misma, vale decir la hermenéutica filosófica, ha recibido no obstante la influencia enormemente positiva procedente de la denominada «provincia» hermenéutica, la jurídica, de forma que puede afirmarse la existencia de una efectiva reciprocidad productiva derivada de la influencia recíproca entre ambas[162]: de la parte al todo y del todo a la parte.

Trascendido manifiestamente cualquier atisbo de subjetivismo y/o de racionalismo positivistas que privan al Derecho de toda realidad, la aludida circularidad implica una insoslayable referencia a tres elementos de la existencialidad normativa que se van recíprocamente influenciando a lo largo del *proceso estructurante-normativo* –circularidad «virtuosa» precisada de entender, pero en modo alguno, claro está, como un mero círculo de la argumentación de partes autónomas–: las «normas», los «hechos» y el «intérprete». Se comprende adecuadamente desde prejuicios o precomprensiones: *Vorbabe, Vorsicht* o *Vorgriff*, en la terminología alemana principalmente usada por la hermenéutica de la facticidad, esto es, aquello de lo que se dispone previamente como dato y proyecto, lo que en consecuencia se prevé, y el modo cómo se proyecta encarar el tema o los conceptos desde los que se preten-

[162] Ulfried NEUMANN, «Zum Verhältnis von philosophischer und juristicher Hermeneutik», en: *op. cit.*, pp. 49 y ss.

de acercarse a la cuestión[163]; pero va a ser a condición de escuchar los interrogantes que nos vienen de lo que comprendemos, sin priorizar ni al intérprete ni al *interpretandum*, y discerniendo convenientemente los prejuicios coadyuvantes de la comprensión de aquellos que la imposibilitan[164]. En atención a su determinación de incluir la totalidad de momentos estructurales de la producción del Derecho, su modelo de circularidad apunta más allá de la propuesta gadameriana, de naturaleza asimismo productiva y aspecto central de su hermenéutica[165], encuadrada en la experiencia de la tradición retrospectiva y prospectiva

163 En el fragmento dedicado al análisis de los prejuicios y de los juicios, Hannah ARENDT sostiene que nadie puede vivir carente de prejuicios y no solo porque nadie es lo suficientemente inteligente o capaz de de dar un juicio original sobre todo aquello que en el curso de su vida le resulta obligado juzgar sino también porque una falta tal de prejuicios postularía una vigilancia sobrehumana, *Was ist politik?*, München, Piper, 1993. Incluso el mismo Karl LARENZ reconoce la importancia de la precomprensión que el jurista siempre precisa y que «no solo se refiere a la "cosa Derecho", así como al lenguaje, en el que se habla de esta y a la conexión traditiva en que se hallan siempre los textos jurídicos, las resoluciones de los tribunales y los argumentos usuales, sino también a los contextos sociales, a las situaciones de intereses y las estructuras de las relaciones de vida a que se refieren las normas jurídicas», *Metodología...*, *op. cit.*, pp. 197-198.

164 Hans-Georg GADAMER, *Verdad y Método II*, Salamanca, Ediciones Sígueme, 2000, pp. 225 y ss.

165 De ahí la crítica de Hans-Georg GADAMER vertida frente al intento de «comprender la tradición correctamente», esto es, racionalmente y fuera de todo prejuicio, lo cual implica, como subraya, «una dificultad muy especial por el mero hecho de que la fijación por escrito contiene en sí misma un momento de autoridad que tiene siempre mucho peso. No es fácil realizar la posibilidad de que lo escrito no sea verdad. Lo escrito tiene la estabilidad de una referencia, es como una pieza de demostración. Hace falta un esfuerzo crítico muy grande para liberarse del prejuicio generalizado a favor de lo escrito y distinguir también aquí, como en cualquier afirmación oral, lo que es opinión de lo que es verdad. Ahora bien, la tendencia general de la Ilustración es no dejar valer autoridad alguna y decidirlo todo desde la cátedra de la razón (....) la posibilidad de que la tradición sea verdad depende del crédito que le concede la razón. La fuente última de la autoridad no es ya la tradición sino la razón», *Verdad y Método...*, *op. cit.*, p. 308.

al mismo tiempo y que subyace a toda pregunta histórica –a lo que se pregunta [*Erfragten*]– como acontecimiento siempre nuevo y concreto, pues varía fácticamente ante cada ocasión y posibilidad de ser del momento[166]. Efectivamente, su modelo de *concretización* se realiza y llega a término atendiendo a la precitada experiencia en parámetros más próximos a la propuesta de cuestionabilidad y carácter pragmático como es la heideggeriana que a la aludida vertiente ontológico-gadameriana. Y es que, la relación de la actualidad para con el pasado es algo que resulta susceptible de ser verificado en las Ciencias «históricas» del espíritu, «las cuales se presentan a sí mismas como medio en que la experiencia histórica de la vida pasada se hace accesible, y estipulan, además, cómo debe objetivarse de manera científico-teórica el pasado»[167].

2.6. La mímesis de la acción desarrollada por el trabajo jurídico estructurante

La *Teoría Estructurante del Derecho*, de este modo que venimos viendo, es concebida y elaborada una vez producido el rechazo categórico del equívoco surgido con motivo de la comprensión «pretérita» y carente de enjundia del Derecho propia del idealismo especulativo, donde la Norma jurídica se entiende equivalente a una estructura estática dada de significados inmanentes enunciados históricamente por medio exclusivamente de textos lingüísticos a relacionar *ex post facto* con las relaciones de la Realidad; posición que ha sido y sigue siendo demasiado orgullosa como para dejarse redimir. Ruptura de la *metódica estructurante* con el axioma positivista que postula, pues, escoger otro punto de partida, y que pasa como se ha dicho por

[166] Así parece aceptarse por Antonio BALDASSARRE, «Una risposta a Guastini», en: *Giurisprudenza costituzionale*, 2007, pp. 3285 y ss.

[167] Como acotara Martin HEIDEGGER, *Ontología. Hermenéutica...*, *op. cit.*, p. 56.

el rechazo de la identidad entre texto de Norma y Norma jurídica, además de sostenerse al mismo tiempo cómo el Derecho trasciende con creces el ámbito de los textos de normas, pues la influencia en los mismos de la Realidad resulta evidente y decisiva: «normatividad determinada por la cosa»; cabe aún decir, ellos mismos forman parte de la Realidad. Adicionalmente, expresa esta doctrina, no podemos descuidar el hecho de que ha de producirse la complementariedad adecuada entre principio de primacía del intérprete y autopenetración reflexiva del aplicador del Derecho –en parte, al menos, similar en este aspecto al modo hegeliano– en orden al «conocimiento de conexiones de hecho y de datos de experiencia» conocedores de la existencia y actividad humana en su fundamental dinamismo [*Grundbewegtheit*]. Pero ahora reinterpretados, vale decir, concretizados mediante la esperanzadora *mímesis* de la acción y el decidido rechazo de la *diégesis* caracterizante del positivismo, con motivo de la función mediadora a desarrollar para cada acto concreto de aplicación en el contexto del asunto correspondiente, en el sentido propuesto por Paul Ricoeur[168].

La fluidez y la coherente trayectoria del *proceso concretizante* propuesto, favorece en todo momento la apertura de horizontes de significación y nuevos cauces de sentido, porque su perspectiva de trabajo también adquiere carácter relacional como se ha visto, pero no serán relaciones con un valor sino decisiones a favor de un valor [*Wertentscheidungen*] conectado con los hechos a través de la función clave de la experiencia y planteadas en términos informados de antisubjetivismo[169]. A esto hemos de

[168] Paul RICOEUR, *Le conflict des interprétations*, Paris, Du Seuil, 1969; y de nuevo, entre otros momentos, *Autrement. Lecture d`autrement qu`être ou audelà de l`essence d`Emmanuel Lévinas*, Paris, PUF, 1997.

[169] Como propusiera Hans-Georg GADAMER, *Verdad y Método...*, *op. cit.*, p. 344 y ss; y «Los fundamentos filosóficos del siglo XX», en: *La secularización de la Filosofía. Hermenéutica y Posmodernidad,* ed. de Gianni Vattimo, Barcelona, Gedisa, 1994, pp. 89 y ss. Asimismo, podemos reconocer el parecido con el sentido dado por Xabier Zubiri Apalategui de realidad valiosa o cosa que es o ha sido por lo tanto objeto previo de

agregar, o insistir, que se trata sintética y realmente de «un concretar –referido al caso– de cuantos datos proporcionan el programa de la Norma, el ámbito de la Norma y las particularidades del estado de hechos». Tarea desarrollada por medio de un trabajo realizado en el transcurso del *proceso estructurante* a lo largo del cual nada se representa sino que se producen normas vinculadas por el caso y con el texto normativo como límite extremo de la formación posible de Derecho [*mögliche Rechtsbildung*], de manera que resulten visualizables y controlables los elementos y los principales estadios de los subprocesos de *concretización* normativa –expresión angular apropiada para designar el *proceso estructurante* en su conjunto– hasta ser materialmente determinada, correspondientemente elaborada, para coronar con la Norma jurídica del caso que no existía, pues, previamente, constituyéndose en una unidad normativa integradora de lo diverso.

El hecho de que la teoría de la Norma jurídica –ámbito fundamental y fundante de la innovadora reflexión desde la práctica propuesta por la *Teoría Estructurante* acerca del hacer del Derecho– y la metodología jurídica se conciban necesariamente vinculadas desde la *concepción normativa estructurante*, expresa el rechazo de toda «ilusión óptica» proveniente de un concepto estático y previo de Norma jurídica al modo como es considerada esta por el positivismo metodológico, tal como viene señalándose. En efecto, que en el contexto de la *Teoría Estructurante del Derecho* la metodología ocupa una posición estratégica, es algo obvio para cualquier estudioso que se acerque a la obra de Friedrich Müller, pues el autor ha insistido reiteradamente en el hecho de la concreta y necesaria vinculación de aquella con la teoría de la Norma.

Es demasiado fácil observar que el «corazón» de las incomprensiones positivistas, observará Friedrich Müller, se encuentra en el intranquilizante presupuesto, de confor-

valoración, frente la abusiva subjetivización de los mismos propuesta por la filosofía de la conciencia.

midad con el cual, la Norma jurídica se identifica con un texto autónomamente existente cuyo contenido reejecuta el aplicador jurídico, orientación cuya insuficiencia y falta de significatividad se acentúa cuando de textos constitucionales positivos se trata. Por todo cuanto hemos venido diciendo, para el positivismo normativista las dificultades quedan reducidas a la problemática de la ejecución formal y lógica de una instrucción plenamente contenida en tal texto[170], sin percepción alguna de los problemas factuales inherentes a las decisiones jurídicas en su evidente condición de decisiones prácticas y naturalmente históricas; reduccionismo que similarmente opera en aquellas concepciones jurídicas construidas al amparo de la filosofía analítica, aun a costa de suponer una intolerable reducción de la filosofía a estricta lógica[171].

En sentido completamente divergente, contrapone la *Teoría Estructurante del Derecho* la perspectiva, conforme a la cual, el *objeto de la teoría normativa* es en sentido propio *el actuar jurídico* –el acontecer normativo–, en vez de un sistema jurídico pleno de sí mismo en el que todo está con antelación prevenido, explicación esta postrera que se alcanza desde la soberbia consideración de la relación entre dos entidades separadas: «Norma» y «Realidad», como idea directriz y pretendido modo de ser de la estructura

170 Entre otros muy diversos momentos de la producción científica de Ernst FORSTHOFF, puede verse su obra *Zur Problematik der Verfassungsauslegung*, Stuttgart, Kolhammer,1961, en la que a partir de lo expuesto entre otros momentos en las páginas 35 y ss, y su pretensión de interpretar la Constitución como si «de una ley sobre termómetros de medición de fiebre se tratara», le permiten a Friedrich MÜLLER calificar al autor en términos de «un positivista a la antigua»; y subrayando el peligro para la seguridad jurídica y las libertades tradicionales el clásico artículo del primero, «Die Umbildung des Verfassungsgesetzes», en: *Festschrift für Carl Schmitt zum 70. Geburtstag*, ed. de Hans Barion/Ernst Forsthoff/ Werner Weber, Berlin, Duncker & Humblot, 1959, p. 35, a modo de ejemplo.

171 Expresivamente por todos, de nuevo Hans-Georg GADAMER: «Y no tenemos necesidad solo de la lógica. ¡Por amor del cielo! Y mucho más si la lógica, la teoría de la lógica, no es del todo necesaria para pensar en modo lógico».

fundamental jurídica. A diferencia del normativismo que hemos visto concibe la Norma jurídica a modo de orden materialmente vacía o puro acto de la voluntad, ya que carece en su interior de fundamento material y su función queda reducida a vincular un hecho condicionante a una consecuencia con independencia de cualquier juicio respecto del valor moral o político de esa conexión, postula frente a ello la *Teoría Estructurante del Derecho* la necesaria consideración de la influencia de la Realidad: normatividad materialmente determinada; y al mismo tiempo admite que, posteriormente, ejerce influencia sobre esta Realidad: normatividad concreta. En este contexto, Norma y Realidad son términos de mutua implicación, pues el contenido de la primera es el resultado de la tarea de *concretización*, proceso en el cual la segunda adquiere especial relevancia[172].

Se ha de partir de la estimación indubitada de que también forma parte de la Norma la Realidad a través del conjunto genérico de datos reales [*Realdaten*] a los que se refiere la prescripción jurídica y que desde el ámbito material [*Schabereich*] es preciso reducir por medio de reglas de conexión al ámbito del caso [*Fallbereich*] alejando lo integrante del «estar-fuera» del aspecto [*Aussehen*]; esto es, el ámbito material –que es de algún modo fundamento y ámbito– del que el *programa extrae* el *ámbito normativo* actuante –el hacia qué, en los casos constitucionales concernientes a segmentos esenciales de la realidad–, caracterizándose de igual modo y en pié de igualdad que el *programa normativo,* como condición respectiva de la normatividad[173]. Por tanto, la incorporación del *ámbito*

[172] Márcio Augusto de Vasconcelos DINIZ, *Constituição e Hermenêutica Constitucional*, Belo Horizonte, Melhoramentos, 1998, pp. 253 y ss.

[173] Entendemos que el autor de mayor relevancia, sea por su magnífica aportación teórica sea por el hecho de haber sido magistrado del Tribunal Constitucional Federal alemán, proseguidor de estos planteamientos con matices propios relevantes, es Wolfgang HOFFMAN-RIEM, entre otras publicaciones en las que así apunta, puede verse su «Öffentliches Recht und Privatrecht als wechselseitige Auffangordnungen – Systematisierung

normativo como elemento constitutivo de la Norma supera la crítica de la inexistencia intencional, y evidencia la aceptación por el *proceso estructurante* de al menos dos de las tres variantes de intencionalidad –del trabajador del Derecho, claro es– propuestas por el método descriptivo de investigación de Franz Brentano, en el sentido de juzgar, de reconocer y de aceptar o rechazar, de una parte, y, de otra, el interesarse por algo como reconocimiento de que hay una «trama de las cosas» [*Schzusammenhang*], siendo cometido del trabajador del Derecho su puesta al descubierto, orientándose con arreglo a; pero con ello, asimismo es evidente el rechazo por la *Teoría Estructurante del Derecho* de cualquier inicio de carácter exclusivamente ontológico, así como su distanciamiento por la consideración de insuficientes respecto de las perspectivas meramente fenomenológicas. A su vez, según estima, la metódica jurídica debe ser fundamentada por medio de una teoría del Derecho a largo del *proceso estructurante* encaminado a «hacer Derecho», esto es, por una teoría de la Norma jurídica en los términos de no-objetualidad y sí de producción dinámica de la misma como se ha indicado.

und Entwicklungsperspektiven», en: *Öffentliches Recht und Privatrecht als wechselseitige Auffangordnungen*, ed. de Wolfgang Hoffmann-Riem/ Eberhard Schmidt-Aßmann, Baden-Baden, Nomos, 1996, pp. 261 y ss.

3
La racionalización de la praxis propuesta por la Teoría Estructurante del Derecho

«Ratio est in Natura, cur aliquid potius existat quam nihil (Hay en la naturaleza de las cosas fundamento de que exista algo, más bien que nada)»

(Gottfried-Wilhelm Leibniz)

3.1. Racionalidad jurídica limitada y posible a alcanzar mediante el comprender

De entrada, nos parece oportuna una breve observación. Porque, como postura suficientemente definida, una vez rescatado el sujeto de la normatividad de su estado de preterición al que había sido relegado por los planteamientos metodológicos situados de pleno en la órbita del cientificismo subjetivista, para la *Teoría Estructurante del Derecho* es el jurista quien siguiendo un comportamiento activo «extrae el Derecho», en su sentido más radical, para cada caso a resolver, a partir de la indeterminación de las «estructuras» iniciales susceptibles por sí mismas de diversas formas de utilización, porque al igual que sucede en Martin Heidegger y Hans-Georg Gadamer, resulta patente que tampoco es pensable para Friedrich Müller en las Ciencias sociales el «contexto cero» y que, en cuanto saber histórico, el saber jurídico es también siempre un saber de sí [*Selbstwissen*][174]. Tarea productiva llevada a cabo a través de una generación progresiva de la Norma jurídica con adaptación al problema concreto a resolver, muy en concruencia por demás de lo demandado por las exigencias del nuevo constitucionalismo[175]. Seguramente, por añadidura, considerada desde su posibilidad en la dirección seguida por el segundo Ludwig-Josef-Johann Wittgenstein, de acuerdo ante todo con la comprensión insita o participación en la pretensión común, para esta teoría no se agota la tarea productiva del jurista –no puede agotarse por su propia naturaleza– en la actividad de comunicación y comprensión; esto es, el carácter jurídico específico estriba en que en todo momento es legítimamente actividad creativa, aunque solo fuera porque la *existentia* pone de relieve cómo la *actualitas* remite a un actuar [*Handlen*][176]; incluido el empleo del lenguaje que es también en sí mismo actividad y abandona con ello su consideración de tercera cosa que se interpone entre un sujeto y un objeto para tornarse condición de posibilidad[177], lo que dista su consideración de una pura apariencia, sino que es un auténtico «hacer-aparecer» [*Scheinenlassen*] en el estado creativo por medio del cual surge como develamiento el «poder-producir» de lo que nos es maneja-

174 Así lo expresa Cristina LAFONT por referencia a los dos hermeneutas germanos arriba citados, *La razón como lenguaje*, Madrid, Visor, 1993, p. 113.

175 Por ejemplo, para esta exigencia de una teoría actualizada de la normatividad y de la comprensión del Derecho, Luis PRIETO SANCHÍS, «Neoconstitucionalismo y ponderación judicial», en: *Neoconstitucionalismo*, ed. de Miguel Carbonell Sánchez, Madrid, Trotta, 2007, p. 31.

176 Por todos, Martin HEIDEGGER, *Die Grundprobleme der Phänomenologie*, Frankfurt am Main, Vittorio Klostermann, 1975.

177 Lenio-Luiz STRECK, *Hermenêutica Jurídica e(m) crise: uma exploração hermenêutica da construção do direito*, 5 ª ed., Porto Alegre, Livraria do Advogado, 2004, p. 62.

ble [*Handliches*] porque está delante de la mano [*vor die Hand*]. Asimismo, es oportuno recordar que la cultura jurídica integral cumple una función determinante para la cosmovisión tanto del Derecho en general como de cada una de sus ramas, porque, y a nuestros efectos, de acuerdo con Luigi Ferrajoli, disponer ejemplificativamente de «una cultura jurídica constitucionalizada, que se tome en serio la carga normativa que tienen los textos constitucionales [concretizados] y que esté dispuesta a suministrar herramientas teóricas y discursivas necesarias para hacerla realidad», pero bien matiza en el sentido de que una «cultura jurídica constitucionalizada no es monopolio cognoscitivo de los especialistas en Derecho Constitucional; al contrario, requiere el concurso y las aportaciones de los expertos en Derecho Civil, Mercantil, Penal, Laboral, Administrativo, etcétera»[178].

Tarea racionalizadora y objetividad limitada a lograr[179], consciente por ello de no traspasar los singulares límites inherentes a «la especificidad de la materia jurídica», entendida como «actividad productiva» normativamente orientada a la búsqueda de una racionalidad conectiva susceptible de comprobarse y disciplinarse en ese contexto de «fusión de horizontes» del entender, como acontecimiento donde cada «obrar» constantemente se actualiza. Porque, el «horizonte del presente» ni existe por sí mismo ni se forma por sí mismo al margen del pasado, y «comprender es siempre el proceso de fusión de esos horizontes que existen presuntamente por sí mismos»[180], a través del salto hacia atrás y hacia dentro [*Schritt züruck*] pero que se ve abocada a renunciar *a priori* a una total rea-

---

[178] Luigi FERRAJOLI, *Cultura jurídica y paradigma constitucional. La experiencia italiana del siglo XX*, Lima, Palestra, 2010, pp. 8 y ss.

[179] John ELSTER, nos va a hablar así de «racionalidad imperfecta», que considera lamentablemente casi olvidada por filósofos y científicos sociales, *Ulises y las sirenas: estudios sobre racionalidad e irracionalidad*, México, Fondo de Cultura Económica, 1997, p. 61.

[180] Como precisa Hans-Georg GADAMER, *Verdad y Método…, op. cit.*, p. 311.

lización[181]; la normatividad adecuada a la finitud humana que se muestra evidente en la singularidad y contingencia de los sucesos históricos concretos, vale decir, de cada caso, y por consiguiente ya de entrada la racionalidad va ser limitada al caso [*Falldenken*]. Aunque en la obra de Friedrich Müller la cuestión no ocupe una posición relevante, entendemos que se da por supuesto, y cada hecho histórico produce necesariamente «facticidad histórica», por lo que, en consecuencia, trasciende la mera expresión de una época, siendo ello definitivamente esclarecido de nuevo por el autor. Por eso, el positivismo jurídico haría bien en releer –o leer por primera vez, en algún caso– al propio René Descartes, a fin de superar los engaños que en la consideración de este último con tanta frecuencia se invocan, porque el *cogito ergo sum* no es un mero recipiente que opere en el vacío histórico sino que presupone la totalidad del saber sobre el pertinente mundo, y teniendo en cuenta este, es como deberá levantarse el nuevo edificio de conocimiento[182].

[181] En sentido amplio, recuerda Jon ELSTER que las emociones, como fuente poderosa de motivación de la acción humana, interfieren en nuestros procesos de pensamiento haciéndonos aún menos racionales y, por demás, obvio es, participan de todas las normas sociales, *Tuercas y Tornillos. Una introducción a los conceptos básicos de las ciencias sociales*, Barcelona, Gedisa, 1989, p. 31, de ahí el escepticismo mostrado acerca de la cuestión y expuesto en *Ulises y las sirenas: estudios sobre racionalidad e irracionalidad*, México, Fondo de Cultura Económica, 1997; y en *Juicios Salomónicos. Las limitaciones de la racionalidad como principio de decisión*, Gedisa, Barcelona, 1999, describe la racionalidad imperfecta del hombre y cuestiona el dogma de la infalibilidad así como la perfección de la racionalidad aunque referida al proceso de elaboración constitucional, pues considera que la falta de consciencia acerca de su falibilidad como legislador trae causa de la falacia formalista conforme a la cual se atribuyen al constituyente unas facultades y unas virtudes propias de un ser supremo carente de pasiones, o propias de un mecanismo inanimado que al actuar decide siempre conforme a las mismas reglas y patrones prefijados mediante un procedimiento formal; por ello dirá que en cada ocasión se hace lo que se cree arrojará los mejores resultados.

[182] Cuestiones para las que resulta sumamente útil la lectura de la obra de Etienne GILSON, *Études sur le role de la pensée médiévale dans la formation du systéme cartésien*, Paris, Vrin, 1930.

Entiéndase bien, los límites de la actividad *Bewegtheit* jurídica generadora de normatividad no son los derivados de la objetividad, sino los suscitados por la actualidad del caso necesitado de solución de la que es preciso dar cuenta, y por ello queda sometida a la crítica interior y exterior, lo que evita la arbitrariedad. De ahí que se haya rechazado desde diversas instancias críticas lo impropio de la tesis dworkiana conforme a la que es posible identificar siempre una respuesta objetivamente correcta, incluso en los casos difíciles, consecuencia de la ceguera, precisa con suficiente claridad Paul Ricoeur, a la que le conduce su «tesis de la demostrabilidad de las proposiciones jurídicas»[183]. Esto es, la *Teoría Estructurante del Derecho* no es enemiga de la objetividad sino que a diferencia de la exaltación racionalista propugnada por todas aquellas corrientes jurídicas que engarzan con los planteamientos ilustrados: «la creencia ilustrada en la perfección» –según la frase atinada de Hans-Georg Gadamer–, renuncia razonablemente de antemano a la racionalidad y objetividad plenas y de carácter definitivo[184], ausentes siempre por su propia naturaleza y características en una Ciencia normativa aplicada de carácter «decisorio y valorativo» y por tanto relativa, pues tampoco la dogmática puede ofrecer la certidumbre de una decisión correcta y determinada definitivamente conforme valora Friedrich Müller. Este presentarse real de la Ciencia jurídica muestra en sí mismo la aceptación del modo de la temporalidad del comprender tan acentuada por autores como Hans-Georg Gadamer y Gianni Vattimo, mostrando a su vez la capacidad, los pros y contras conforme a lo propuesto por Friedrich Nietzsche,

[183] Paul RICOEUR, *Le Juste…, op. cit.*, p. 168.

[184] Y con apoyo en la obra de Otto-Friedrich Bollnow, *Objekt und Objektivität*, además de distinguir entre objetividad y validez universal, concluirá Friedrich MÜLLER rechazando la posibilidad de alcanzar lo válido-objetivo en las Ciencias humanas. Y desde una posición metódica situada en el polo opuesto, admitirá en algunos momentos Ernst FORSTHOFF que la decisión «se sustrae comúnmente a una solución racional», *Grenzen des Rechts…, op. cit.*, p. 14.

esto es, disponiendo de los mismos de «modo que uno sepa cómo emplear una variedad de perspectivas e interpretaciones» al servicio de la solución del caso, que es fácil advertir no está legitimada en su contingencia por precedente alguno al requerirse el planteamiento originario de cada asunto.

Según la substancialidad básica de la *Teoría Estructurante del Derecho*, la rectitud –de la decisión– significa hacer trasparente [*durchsichtig*] y comprensible la *concretización* para cada uno de los momentos del *proceso estructurante*, ofreciendo verosimilitud en el concretizar desde la atribución de una racionalidad funcional y sustancial hasta los límites proporcionados a los que se pueda llegar por la senda de la realidad histórico-comunicativa, los cuales serán definitivamente modestos. Puesto que, como indicara Theodor Viehweg a partir del rechazo de la perturbadora racionalidad deductivo-sistemática de naturaleza técnico-instrumental y de carácter fisionómico, ello ocurre a causa de la permanente vinculación al problema como algo propio e inherente del trabajar jurídico, que es siempre de carácter vital-originario. Esto quiere decir de modo más explícito que la metodología de las Ciencias sociales no persigue dar satisfacción mediante deslumbrantes certidumbres objetivistas a través sorprendentemente de la anticipación arbitraria proporcionada por el «espejo deformante» que supone el «foco de la subjetividad»[185], algo que con suma frecuencia es ignorado. Y en particular deberá contentarse la producción del Derecho con la «justedad», a despecho de lo ardorosamente defendido por los «espíritus que ya aquí en la tierra buscan lo absoluto»[186], aunque en la mayoría de estos casos las cuestiones acerca del logro de justicia no se halla dentro de sus «nobles» ambiciones[187]; si bien, resulta

[185] Expresiones recogidas por Hans-Georg GADAMER, *Verdad y método…, op. cit.*, p. 344.

[186] Gustavo ZAGREBELSKY, *La virtud de la duda…, op. cit.*, p. 45.

[187] Así sucede en la pretensión del punto «Alfa» de los espíritus jurídicos puros, representado por la *Teoria Pura del Derecho*, toda vez Hans KELSEN persigue tenazmente excluir de su interior el análisis de lo que es justo y lo que es injusto, por considerar que ocuparse de la problemática de

forzoso admitir que las Ciencias sociales solo pueden alcanzar la objetividad otorgada por nuevas experiencias creadoras, o por medio de la prueba –siempre concreta– del uso a través de un proceso social-comunicativo[188]. E incluso más modernamente, reconocerá en términos próximos Richard Rorty que carecemos de otro criterio distinto «de verdad que la justificación» y, por consecuencia, «estar justificado y ser lo mejor que se puede pensar serán siempre relativos"»[189]. En cualquier caso, conviene no perder de perspectiva que toda Ciencia forzosamente ha de extralimitarse de los meros datos empíricamente controlables, e incluso la astronomía, la geología y, en parte, la biología, abordan hechos que tienen un carácter irrepetible, totalmente ajeno a la experimentación[190].

3.2. La imposibilidad de obtención de pretendidas certidumbres objetivas –subjetivistas plenamente, en realidad–

Ateniéndonos en todo momento al carácter fundamental de la *Teoría Estructurante del Derecho* ya señalado y

la justicia incumbe a la Ética, atendido sea su carácter de Ciencia encargada del estudio de las normas morales, pero en modo alguno es tarea de la que deba ocuparse la Ciencia jurídica que, por demás, nada tiene que ver con los hechos, con la conducta efectiva del ser humano *–sein–*, sino exclusivamente con lo prescrito jurídicamente –deber-ser, *Sollen*–, pues la Ciencia del derecho no puede ser una Ciencia de la naturaleza, preocupada por la descripción de hechos y la investigación causal; y ahí llevan decenios y decenios debatiéndose entre el «Alfa y el Omega» de la «suprema creación» jurídica. En sentido divergente, citaremos por todos a Paul RICOEUR, para quien por medio de la figura del juez la justicia obtiene reconocimiento como «la primera virtud de las instituciones sociales», *Le Juste…, op. cit.*, entre otros momentos, p. 15.

188 Hans-Georg GADAMER, *Le problème de la consciente historique*, Louvain, Publiccations Universitaires, 1963, p. 36.

189 Richard RORTY, *Truth and Progress: Philosophical Papers*, Vol. 3º, Cambrige, Cambrige U.P., 1998, especialmente, pp. 43 y ss.

190 Como bien ha sintetizado entre otros James LADYMAN, *Filosofia della scienza. Un` introduzione*, Roma, Carrocci, 2007, p. 109.

fundado en la praxis, en modo alguno tiene como pretensión alcanzar la objetividad plena en la línea de la expresado, y mucho menos la «conciencia absoluta» *more* kantiano, a diferencia de lo soberbiamente preconizado desde las «viejas utopías mentales de la ciencia o de la técnica»[191], porque el jurista como ser responsable –vale decir, ser causa o autor de algo– puede también en su comportamiento ser-culpable [*Schuldigsein*] de ese algo, en realidad lo es siempre de un modo propio mostrándose sus límites.

Lo peculiar de la objetividad y verdad prácticas –de carácter hermenéutico– extraídas mediante la interpelación vital, dista de la consideración de absolutividad, por eso pudo afirmar por todos Edmund Husserl la absurdidad de la aplicación del concepto naturalista de objetividad al campo temático de las Ciencias sociales, entre otras cosas, porque desde el rechazo de la teoría del conocimiento entendida en el sentido habitual, expresa la exigencia de ir penetrando constantemente en los asuntos de que se trata desde el pensar y conocer siempre inacabados por cuanto históricos. En consecuencia, el *planteamiento concretizante* no ofrecerá más espacios para el funesto relativismo puesto que rechazada la posibilidad de alcanzar la verdad absoluta, con lo cual, habrá consiguientemente desaparecido el presupuesto necesario que habilita la posibilidad del primero, con el añadido de que al asumir la historicidad de la vida, y con independencia de la actitud o rechazo de la visión que se comprenda, habremos cerrado el paso al relativismo y al escepticismo. Creemos, por consiguiente, que cuando la denominada hermenéutica crítica un tanto desnortada –en cuanto hermenéutica como tal, queremos decir–, propia del calificado pragmatismo trascendente de Karl-Otto Apel, tacha de relativista a la hermenéutica de la facticidad, principalmente en la versión gadameriana, que en cierto sentido es empleada por la *metódica estructurante* como venimos manteniendo, semejante cuestionamien-

[191] Luis-Quintín VILLACORTA MANCEBO, «El giro hermenéutico aceptado por la Teoría estructurante del Derecho», en: *op. cit.*, pp. 33-34.

to en modo alguno se ajusta a la realidad, pues se acepta en todo momento la reconstextualización de las tradiciones culturales recibidas[192]; a lo sumo podría sostenerse tal carácter –y no sin matices relevantes– de la hermenéutica romántica desarrollada por Friedrich-Daniel-Ernst Schleiermacher, al margen de que por añadidura, y con carácter general, la Hermenéutica se opone radicalmente a todo relativismo[193].

Teniendo en consideración que la *Teoría Estructurante del Derecho* pretende deponer las falsas certezas del cientificismo jurídico de la «lógica formal» –de «conclusiones»[194]– mediante el esclarecimiento de ese momento creador-constitutivo del trabajo jurídico, en cuyo desarrollo no se olvida en momento alguno el respeto absoluto de las garantías constitucionales de imparcialidad e independencia, se sirve para ello –como vimos líneas atrás– de un modelo «normativo determinado por el asunto respectivo», que en quien interroga demandando una solución certera va conformando a lo largo del trascurso del *proceso estructurante progresivo* la Norma jurídica como modelo de ordenación vinculado por la materialidad del caso. Y ello, teniendo en cuenta cuando sea menester el sentido –siempre actualizado– de los principios jurídicos fundamentales a modo de horizonte referencial, pero sin renunciar a las exigencias de una constante especulación realista acerca de su significado toda vez están

192 Al margen de que nunca se opone a la crítica ideológica, si bien, con posterioridad, establecería Paul RICOEUR los puntos de conexión y el deslinde entre Hermenéutica y crítica de las ideologías, por ejemplo en su libro *La crisis de las ciencias europeas y la fenomenología trascendental*, Barcelona, Crítica,1991.

193 El momento culminante de la crítica errada a la hermenéutica gadameriana por parte de Karl-Otto APEL, viene considerándose que se halla recogido en su *Auseinandersetzungen in Erprobung des transzendentalpragmatischen Ansatzes*, Frankfurt am Main Suhrkamp, 1998, pp. 569 y ss.

194 Como bien aclara Friedrich MÜLLER a lo largo de su obra, distinta de la «lógica matemática» o «lógica moderna», y a las que distingue a su vez de la «lógica materialmente referida».

obviamente sujetos a su contingencia histórica[195], midiéndose por medio de la *Verwindung* comprendida en virtud de un sentido ético-práctico en los distintos momentos con arreglo al texto así como acreditándose con relación al mismo: «abandonándose-a», al objeto de recuperar el sentido de la comprensión jurídica y la profundización de la misma; texto positivo al que resulta obligado reconocer desde luego también alcance programático[196].

De este modo, como venimos considerando, la normatividad jurídica no adviene exclusivamente de la positividad del texto de Norma, ya que es preciso destacar la imposibilidad de llevar a cabo una *concretización* normativa totalmente avalorativa en el ámbito de la Ciencia del Derecho dada su cualidad de Ciencia humana aplicada, en rotunda contraposición a la cerrada –realmente, ciega– defensa kelseniana de la imprescindible observancia de neutralidad axiológica si se pretende el éxito de cualquier investigación jurídica científica. Expresado lo anterior, toda vez que de acuerdo con el contraproyecto moderno y democrático, opuesto por sustancia y forma al modelo jurídico de los «imperativos» reconstructivos[197], no existe sino como mera hipótesis un Derecho puro ni tampoco es factible reconocer la existencia de puros hechos, en modo alguno se detiene únicamente la teoría concretizante de la normatividad que venimos considerando en la mera tarea de aplicación del contenido fijado de textos

[195] Por el ello, y porque asimismo escapa a todo criterio objetivo, critica particularmente Friedrich MÜLLER el planteamiento fenomenológicoconceptual propio de Gerhard Leibholz, expuesto entre otros momentos en su clásico trabajo «Zur Begriffsbildung im öffentlichen Recht», en: *Blätter für Deutsche Philosophie*, núm. 5, 1931, pp.175-189.

[196] Así, señala Mircea ELIADE, la Hermenéutica es «la búsqueda del sentido, de la significación o significaciones», porque si queremos comprender, ante todo, necesitamos «recuperar el universo de significaciones que le sirve de fuente», *La Prueba del Laberinto*, Madrid, Ed. Cristiandad, 1980, p. 159.

[197] Véase la valiosa reflexión de Roland DUBISCHAR, *Vorstudium zur Rechtswissenschaft. Eine Einführung in die juristische Theorie und Methode anhand von Texten*, Stuttgart-Berlin-Köln-Mainz, Kohlhammer, 1974, p. 62.

por sus autores, a extraer tanto cuantitativa como cualitativamente mediante cánones interpretativos y exégesis lógico-filosóficas a través de un proceso inauténtico en el que la normatividad se evade ante la ausencia del contacto «con la cosa», siendo sustituida por sucedáneos. En última instancia, nos parece que en ese rechazo se manifiesta una «verdad» más profunda, aun cuando el modelo progresivo [*Ablaufmodell*] de superación para una praxis contemporánea de la normatividad en su autenticidad, coherente, participativo y dinámico de *concretización* postulado desde la *Teoría Estructurante del Derecho*, es evidente que se halla tan lejos como resulte factible de cualquier pretensión de objetivismo al modo de la falazmente esgrimida por el normativismo positivista de carácter estático y su cerrada defensa de la mística *lex ante casum* y lo que es paradójico plenamente objetivada: «puro simulacro», dirá la *Teoría Estructurante*. Una perspectiva de reejecución de fantasmagóricas voluntades que ni siquiera repara en que la objetividad dada no lo es de una vez y para siempre sino que incluso la objetividad natural es también cultural, como ha recordado con frecuencia y entre otros muchos Gianni Vattimo. Puede decirse que, para Friedrich Müller, el Derecho lejos de constituir un cuerpo de doctrina, consiste esencialmente en una actividad de corte objetual, al modo en cierto sentido –en cierto sentido, insistimos– de lo también propuesto por Ludwig-Josef-Johann Wittgenstein para la filosofía práctica.

3.3. El proceso estructurante de carácter dinámico, reflexivo y controlado como único marco racionalizador posible

Mediante el empleo de la *metódica jurídica estructurante* no se persigue la sustitución del modelo de ordenamiento de la autónoma ley general trasunto de un jalonado e «imaginario» orden completo por una concreción productiva de la Norma jurídica orientada y plenamente vinculada por el caso; esto sería un mero desplazamiento del problema. En realidad, la *metódica estructurante* busca procedimientos «relativamente» estables para el trabajo jurídico, de carácter siempre abierto y creativo, en los que se observen los imperativos constitucionales propios del Estado de derecho: seguridad jurídica, claridad y honestidad metódica[198]. Y tal objetivo pretende alcanzarse por medio de una reflexión acerca de la génesis de la normatividad, guiada a través del sentido proveniente de un análisis «de la estructura de la Norma jurídica concebida como Norma de decisión» en su unidad de significatividad, cuya comprensión se decanta en el continuo proceso de formación de cada proyecto nuevo para la resolución de un caso específico. Expresado de otro modo, descartada la posibilidad de obtener certidumbres objetivas deducidas de los textos positivos en el transcurso de operaciones intelectuales de carácter lógico-formal, tomando exclusivamente como fundamento nuestras expresiones e ideas[199], la «concretización» no es «aplicación», según hemos visto, no consiste en la reconstrucción objetiva de una atemporal legalidad inmanente a la norma general como pretenden tanto positivistas como las por demás loables e insuficientes corrientes calificadas o autocalificadas con el epíteto de antipositivistas. Consiguientemente, pues, implica un decisivo enriquecimiento por los hechos y guiado por ciertas expectativas, orientado a la finalidad última de,

---

[198] Friedrich MÜLLER, *Juristiche Methodik und politischen System. Elemente einer Verfassungstheorie*, Berlin, Duncker & Humblot, 1976.

[199] Es aquí en este aspecto –y en algún otro en el que no se entra ahora– coincidente el positivismo kelseniano con las ideas empiristas provenientes de David Hume, quien, bien es sabido, no admite sin embargo la posibilidad de conocimiento riguroso, ya que considera únicamente existen percepciones sensibles subjetivas, pues niega posibilidad alguna de existencia a la razón práctica; autor que cuestionaría la luego denominada falacia naturalista consistente en apelar a los hechos –o reino del ser– a fin de teorizar sobre el Derecho –reino del deber ser–, como consecuencia de la incomunicabilidad entre ambos mundos, al efecto Stanley L. PAULSON, «La distinción entre hecho y valor: la doctrina de los dos mundos y el sentido inmanente. Hans Kelsen como neokantiano», en: *Doxa. Revista de Filosofía del Derecho*, núm. 26, 2003, pp. 547-582.

a partir de la propia persuasión a la que esforzadamente ha llegado el trabajador del Derecho, afanándose de nuevo por persuadir a su vez a los demás. Se persigue sustentar una decisión razonable capaz de convencer –explicativa, luego de comprensiva–, porque únicamente cuando comprendemos la posición de los demás podemos adquirir relativa seguridad acerca de nuestra propia comprensión creativa[200]. No resulta sorprendente que, por ello, su seguimiento nos permita alejarnos de los juicios terminantes extraídos exclusivamente a partir de la reconstrucción del proceso genético de los textos normativos que otorgan a sus postuladores la aparente seguridad –en realidad ingenua y superficial– de su materia y de sí mismos cual si de un *ego* soberano se tratara. Por el contrario, si la Norma jurídica está formada por datos lingüísticos [*Sprachdaten*] y por dados reales [*Realdaten*], como hemos señalado, la originalidad de la teoría normativa propuesta por la *metódica estructurante* reside sobre todo en la inclusión de los datos reales en el proceso decisorio de manera controlada.

Lejos de toda autoconciencia lógico-sistemática de naturaleza apriorística y abstracta, de lo que se trata para la *metódica jurídica estructurante* –supraconcepto que utiliza la *Teoría Estructurante del Derecho* como teoría de la praxis a fin de englobar a hermenéutica, interpretación, métodos de interpretación y metodología– es de racionalizar en lo posible la praxis a través de una especie de *logos gegrammenos* luego de haberse seguido un *proceso estructurante dinámico, reflexivo y controlado*. Expresado de otro modo, exige aceptar la interdependencia intrínseca, o quizá más exactamente una relación de conexión [*Zusammenhang*]: el ir a las cosas mismas en búsqueda de las premisas materiales –aquí, en el sentido de los casos, claro está– propuesto por Edmund Husserl, y tomado realmente

[200] Thomas M. ALEXANDRE, «Eros and Understanding: Gadamer´s Aesthetic Ontology of the Comunity», en: *The Philosophy of Hans-Georg Gadamer*, ed. de Lewis Edwin Hahn, Illinois, The Library of Living Philosophers, 1997, p. 328.

en serio por Martin Heidegger y después por Hans-Georg Gadamer[201]. En otros palabras, se procura el acceso al conocimiento de las causas en la transformación gadameriana y dentro de un ámbito de racionalidad demarcado por la praxis: la cuestión de fondo [*die sachliche Sache*] en relación con la cual ha de producirse la *adaequatio* que supone en términos de *phrónesis* el correcto movimiento constitutivo del entender. Descartado el modelo de objetividad entendida como inherencia al objeto jurídico, no podemos derivar lógicamente de este último la objetividad, porque observando que una característica no inhiere al objeto, es obligado rechazar luego que debe valer independientemente del sujeto. Efectivamente, parece denotarse la resonancia más o menos cercana en el planteamiento de la *phrónesis* aristotélica, como por ejemplo se observará paladinamente idéntico rasgo en Hans-Georg Gadamer al ocuparse de la filosofía práctica vía inductiva[202]; si bien, ni la filosofía práctica de origen aristotélico ni mucho menos la *Ciencia jurídica estructurante* pueden considerarse absorbidas en la *phrónesis*, porque son ciencias prácticas autónomas y distintas de esta última, sin perjuicio de que mantengan con ella una mayor o menor relación.

En virtud de lo previamente dicho, para el autor precitado, cabe asimismo afirmar que cuando comprendemos en cada circunstancia, comprendemos en realidad «de un modo diferente» –temporalidad del comprender–, dada su negativa a admitir la posibilidad de la comprensión de cualquier texto normativo al margen de su fundamento en un acto de aplicación, que recuerda al estar «fundado en las cosas» [*sachgegründet*] como forma de acreditación. Es aquí evidente el reflejo del comprender de otro modo [*Anderverstehen*] en cada caso, propio de la comprensión histórica y finita propuesta por el mismo Hans-Georg Ga-

---

201 Martin HEIDEGGER expresa con rotundidad y convencimiento pleno: «El ente que descubre la *phrónesis es la prâxis*. En ella está el *Dasein*», *Platon: Sophistes*, Frankfurt am Main,Vittorio Klostermann, 1992, p. 146.

202 Hans-Georg GADAMER, *Verdad y Método…*, op. cit., pp. 317-318.

damer como alternativa a la radical antítesis entre razón y tradición establecida a partir de la Ilustración. Porque en cualquier supuesto nos veremos obligados a relacionar el texto reflexivamente «con la situación del presente, si es que se quiere entender algo del texto»[203], pero teniendo en cuenta que siempre ha de partirse de la eficacia histórica [*Wirkungsgeschichte*], y dejándonos guiar por expectativas. Un texto, como venimos diciendo, dotado de la autoridad que le confiere su positividad[204], y ninguna ampliación de saber técnico podrá nunca eliminar, dirá el autor últimamente aludido, «la necesidad de deliberación que es propia del saber práctico o prudencial de la *phrónesis*»[205]; un texto que encierra ciertamente significados a los que es preciso con todo practicar una prudente pero significativa crítica revisora, porque va a ser en la confluencia de elementos filológicos e histórico-efectuales donde surge la «conciencia de la eficacia histórica» constitutiva del «centro» en el que los citados elementos vienen «a confluir como en su verdadero fundamento»[206].

En todo caso, la originalidad de la *Teoría Estructurante del Derecho* entra considerablemente más a fondo, pues el texto orienta y constituye tan solo el límite exterior de la decisión[207], cuyos confines, de ser trasgredidos, imposibi-

---

203 Hans-Georg GADAMER, *Verdad y Método...*, op. cit., p. 396.

204 Por lo referido a la crítica de la autoridad hiperbólica del texto otorgada por el normativismo, coincide Friedrich MÜLLER con Manfred FRIEDRICH, autor que, precisamente por ello, pone de relieve el carácter conservador de las perspectivas metodológicas centradas exclusivamente en el análisis del texto normativo, *Zwischen Positivismus und materialen Verfassungsdenken; Albert Hänel und seine Bedeutung für die deutsche Staatsrechtswissenschaft*, Berlin, Duncker & Humblot, 1971, p. 11.

205 Hans-Georg GADAMER, *Verdad y Método...*, op. cit., p. 373.

206 Hans-Georg GADAMER, *Verdad y Método...*, op. cit., p. 414.

207 El giro hermenéutico de la comprensión se produce con la reforma, y sobre todo en el contexto de la hermenéutica católica renacentista: no es la comprensión de las escrituras lo que permite el acceso a la fe dirá esta, a la inversa, es la fe lo que permite acceder a la comprensión del texto; puede verse en relación con ello la muy clara exposición de Gaspare MURA, *Ermeneutica e verità. Storia e problemi della filosofia dell' interpretazione*, Roma, Città Nuova, 1997.

litarán metódicamente la validez de la *Norma de decisión*, por lo que cumple una función de determinación [*Bestimmungsfunktion*] respecto del espacio dentro del cual cabe desarrollar la *concretización* jurídica regular o lícita [*zulässig*]. Esto significa que por la vía individualizadora seguida, y una vez creada –en realidad, construida– como *Norma de decisión regitiva* ahora sí del caso concreto, la Norma jurídica será aprehendida verdaderamente en la estructura toda de sí misma. Producto, pues, –producida como resultado de la concretización a través del empleo de métodos jurídicos–, de un descubrimiento real una vez desarrollado el pertinente trabajo por los juristas durante los diversos momentos estructurales desde sus «vivencias», en atención al poder del que disponen como consecuencia de la distribución constitucional de funciones. O, más propiamente, la cuestión interroga y responde acerca de la auténtica génesis normativa producida una vez transido por el trabajador jurídico el camino dirigido hacia, y a cuyo final espera por así expresarlo la *aletheia*, si bien reciba siempre la consideración de parcial, temporal y no exhaustiva, aunque únicamente lo fuera de semejante naturaleza porque cada caso supone una nueva proclamación así como un conocimiento adecuado al mismo, ante lo que es preciso volver siempre al comienzo: el presentarse [*Anwesen*] de una cierta manera siempre diferente. Adicionalmente, entendida en sentido propio al modo heideggeriano de *Verwahrung*, correctora del que fuera dado por el *Estagirita*, en dirección a señalar que la búsqueda de la verdad –entendida en el grado posible considerado por nosotros para nuestro ámbito– como tarea o meta a conquistar.

3.4. La meta de racionalidad práctica a alcanzar: creación jurídica real llevada a cabo por el trabajador del Derecho que dé cuenta del estado de cosas

Con fundamento en todas estas razones que venimos apuntando, es preciso tener en cuenta que ya no estamos ante la «determinación» o frente a la «explicación», como operaciones intelectuales soñadamente objetivistas derivadas del «hacer posible» kantiano absolutamente ajeno a la problemática de la cuestionabilidad, ni mucho menos frente a la temática de la supratemporalidad y demostrabilidad que caracterizan el unilateralismo propio de los modelos jurídicos de raíz neokantiana[208]. A la inversa, se trata de algo completamente diferente desde el punto de vista de la normatividad: de una creación real llevada a cabo por el trabajador del Derecho que dé cuenta del estado de cosas y permita con ello el pensamiento y el comprender, alejándose de tal modo del ámbito de ocurrencias arbitrarias. Con un sentido que recuerda aquí a lo expresado por Martin Heidegger, cuando se señala por este autor que al desarrollo del comprender se denomina habitualmente interpretación, la cual no aprehende el conocimiento sino que implica el desarrollo de las posibilidades proyectadas en el comprender[209]. Situado en ese campo, a partir del asunto a resolver –de sus asuntos, de sus cosas, teniendo

[208] Una de las críticas clásicas frecuentemente aludida acerca de la influencia neokantiana orientada hacia el mundo de «los prejuicios jurídicos racionalistas», como bien es conocido, se le debe a Erich KAUFMANN, *Kritik der neukantischen Rechtsphilosophie. Eine Betrachtung über die Bezeihungen zwischen Philosophie und Rechtswissenschaft*, Tübingen, Mohr Siebeck, 1921, y respecto a la crítica de su unidimensionalidad por desplegarse al margen de los fenómenos vitales, puede seguirse especialmente en las pp. 65 y ss; e incluso en sentido a nuestro modo de ver si cabe de superior contundencia se pronunciaría algo posteriormente Siegfried MARCK, pues para este autor la problemática jurídica estriba fundamentalmente en el hallazgo de las condiciones extrateoréticas constitutivas de su validez, *Substanz und Funktionsbegriff in der Rechtsphilosophie*, Tübingen, Mohr Siebeck, 1925.

De otro lado, casi contemporáneamente, argumentos bastante próximos recoge la bien documentada así como articulada obra de Renato TREVES y su moderada crítica del Derecho como relación, tesis esta última propia sin embargo del normativismo kelseniano, *Il diritto come relazione. Saggio critico sul neokantismo contemporáneo*, Torino, Giappichelli, 1934.

[209] Para esta idea Martin HEIDEGGER, como bien se desprende en muy diversos momentos de su clásica obra *Sein und Zeit*, 11ª ed., Tübingen, Max Niemeyer, 1967; véase asimismo del mismo Friedrich

presente estas en su mostrarse, conforme proponía Franz Brentano– asume el jurista desde él y en pro del mismo, la posibilidad descubierta que está ahí «a la vista» –acontece– en el ámbito de las condiciones reales, de conformidad a las que la vida social se despliega para cada ocasionalidad, mediante el empleo reflexivo de los materiales y los medios adecuados; que puede recordarnos, en cierto sentido, el situarse frente a las cosas usando las potencias hacia lo que se quiere hacer, forma de proceder propia del pensamiento zubiriano y su apelación a la voz de la realidad, a la presencia que existe.

En tal sentido, objetivamente considerada a modo de «*teoría de la producción del derecho*», y con el fin de no privar a la Ciencia jurídica –que obvio es recordarlo, tiene el carácter de Ciencia histórica– de su propio objeto específico, desde la *Teoría Estructurante del Derecho* se va a sostener que la razón de los significados jurídicos reside en el uso práctico, en el acontecer de la aplicación en el que, dando por completo la vuelta al postulado kantiano de signo contrario[210], se interpenetran productiva y constantemente las experiencias del presente y del pasado efectual, sin que sea posible sin embargo a través del dinamismo propio de este proceso alcanzar una física de las realidades humanas a la que apelara Francis Bacon[211]; aunque tan solo sea porque la realidad social para nada constituye un objeto predado sino que emerge en perspectivas mutables y metamorfoseándose por esencia en contraste perenne con las formas culturales

MÜLLER, *Essais Zur Theorie von Rect. Und Verfassung, von Methodik und Sprache*, 2ª ed., Berlin, Duncker & Humblot, 2013, pp. 46-49.

[210] Puede verse la tercera crítica de Immanuel KANT, *La crítica del juicio* –varias editoriales–, obra en la cual rechaza la posibilidad de acudir a la experiencia para la formación del juicio –si bien admita que la realidad exterior tiene consistencia ontológica–, puesto que, según considera, la razón solo puede aprehender el aspecto fenoménico.

[211] Acerca de la cuestión Martin KRIELE, *Befreiung und politische Aufklärung. Plädoyer für die Würde des Menschen*, Freiburg, Herder,1980, pp. 78 y ss.

que ella misma propicia[212]. Para toda Ciencia de carácter histórico, ha insistido el Hans-Georg Gadamer combatiente frente al cientifismo empírico-positivista, en modo alguno puede arrancarse a la experiencia histórica de su origen de procedencia, entendiendo debidamente el pasado como *Tradition* y el pasado como *gewesen*, por lo que el método no va a ser nunca, no puede serlo, un método puro como tenemos reconocido. Desde esta óptica, en la que se considera por no pocos la obra capital de Immanuel Kant –*La crítica de la razón pura*–, llegado el momento de determinar las reglas formales del conocimiento, tan solo se tomó este atendiendo a la «consideración como objeto de la actividad intelectual» a las Ciencias naturales, limitación que palpablemente le condujo a postular que el saber, en realidad, es «saber matemático»[213], y obra en la que resalta la necesidad de la participación conjunta de entendimiento y sensibilidad en el transcurso del proceso de cognición, condiciones formales presentes en ambas facultades y en observancia de las cuales considera ha de actuar todo científico. Por no referirnos más que de pasada al especial énfasis puesto por Friedrich Nietzsche encaminado a permitirnos visualizar los nexos existentes entre la voluntad de dominar y las construcciones racionalistas, al objeto de identificar la voluntad de poder presente para la totalidad de los actos desarrollados por el intelecto, puesto que, según el autor, trascendiendo el ideal de objetividad científica así como las apariencias de rectitud incorporadas por la moral universalista, no hallamos algo distinto de los imperativos de la autoconservación y los designios del nudo poder[214]. Lo cual, situándonos en nuestro mun-

[212] Para ello, un buen desarrollo pude encontrarse en Anthony GIDDENS, *La constitución de la Sociedad. Bases para la teoría de la estructuración*, Buenos Aires, Amorrortu, 1995.

[213] Como clarividentemente ha expuesto por todos Oswald SPENGLER, *La decadencia de Occidente*, Vol. I, Madrid, Espasa-Austral, 2011, p. 33.

[214] Por tanto, a partir de Friedrich NIETZSCHE resulta imposible desconsiderar tan evidente realidad, por ejemplo, «Menschliches, Allzumenschliches. Ein Buch für freie Geister» (*Humano, demasiado hu-*

do jurídico, permite invalidar la apuesta positivista, y, más aún, toda propuesta racionalista-historicista como modo de ser, porque carece de verosimilitud la incuestionabilidad de las verdades científicas, en el ámbito social cuando menos, así como la creencia en la historia universal planteada en términos extremos y aferrada a la pretensión de hallarse dotada de un sentido último.

El quehacer científico fáctico verdaderamente entra en liza para nuestra Ciencia social aplicada a partir de los acontecimientos surgidos en la práctica jurídica: lo experiencial aprendido con carácter general se aplica a una situación concreta que sin embargo acontece. Dicho en términos de superior explicitud, un ascenso a la generalidad realizado libremente desde la facticidad, al objeto de redescubrir la experiencia de la verdad, pero desde la consciencia de que la cuestión no va a estar de ningún modo resuelta definitivamente, debido a que por la propia materia tratada difícilmente logra generarse el ideal de seguridad plena desde esa praxis que se hace cargo de sí misma, aunque el conocimiento científico puede evidentemente experimentarse y articularse; porque es evidente que se considera por la *metódica estructurante* la conclusión gadameriana de que «toda praxis significa al final lo que la rebasa» y que propende a proyectarse en un horizonte más comprensivo[215], por lo que se descarta de nuevo la racionalidad científica abstracta, reivindicando en su lugar la vieja racionalidad práctica presente en la ética aristotélica. No obstante, en este punto toma cierta distancia –pero no rechazo– respecto de la también idea fuerte gadameriana del acontecer de la tradición en cuanto constitutivo del verdadero sujeto de la interpretación[216], pues Friedrich

mano. Un libro para espíritus libres), en: *Studienausgabe*, Bd. II, ed. de Hans-Heinz Holz, Frankfurt am Main, Fischer, 1968, pp. 58 y ss.

215 Hans-Georg GADAMER, *Elogio de la teoría*, Barcelona, RBA, 2013, p. 56.

216 De interés acerca de su presencia en todo fenómeno suscitado dentro del ámbito de la comprensión y del entendimiento, de nuevo Hans-Georg GADAMER, *Verdad y Método II…*, *op. cit.*, pp. 368-369.

Müller pone suficientemente de manifiesto que se siente en inferior medida vinculado por los fenomenólogos alemanes y por la importancia que otorgan a la tradición, así como completamente liberado de las abstracciones heredadas de esta última, aunque apela a las preguntas que de continúo surgen de la experiencia a la búsqueda de los *persuasive arguments*. Pero no se trata entonces, quede claro, de una comprensión de la Historia como de si «un transcurso» se tratara, sino de «una comprensión de aquello que nos sale al paso en la historia interpelándonos y concerniéndonos»[217]. Ahora bien, si el «sujeto histórico» de la tradición desaparece, ello tiene poco de positivo, pues carecemos de portadores de la realidad histórico-efectual –epocal–, vale decir, de la experiencia de la propia historicidad, y la comprensión se sustituye por la absoluta incomprensión en la que se precipita el historicismo descriptivo, o también las construcciones conceptualistas de la experiencia generalmente de raigambre kantiana[218]. Con todo, sí se coincide en el intento de que –con la participación que sea– el trabajador del Derecho siempre está obligado a apropiarse la tradición de un modo vivo y no iconográfico, para lo que forzosamente ha de mantenerse asimismo viva como es natural la propia tradición, tarea a la que contribuye cada generación con sus preguntas y sus respuestas, concretándolas y adelantándose en el «aquí posible» de cada circunstancia.

Si somos Historia, si la Ciencia jurídica es histórica[219], únicamente en esa dimensión pueden manifestarse

[217] Hans-Georg GADAMER, *Verdad y Método II..., op. cit.*, p. 136.

[218] Uno de cuyos máximos exponentes es Ernst CASSIRER, quien remendra lo que considera el error de Immanuel Kant, puesto que no confina la conceptualización a las Ciencias naturales sino que la extiende a las Ciencias sociales, idea expuesta en numerosas ocasiones a los largo de su magna obra *El problema del conocimiento*, 4 volúmenes, México, FCE, 1953.

[219] Por todos en la línea de lo apuntado Karl LÖWITH, autor que aborda amplia y profundamente la cuestión, entre otras varias obras, en *Die Dynamik der Geschichte und der Historismus*, Zürich, Rhein-Verlag, 1953.

el sentido y la verdad de las cosas o cuestiones jurídicas, aunque en nuestro caso hemos de aceptar que no va a ser indiscutida: es siempre la construida. Siguiendo esta estrategia de aproximación científica, la precomprensión, tan equívocamente denostada por los planteamientos ilustrados, predetermina nuestra capacidad de juicio, que se forma, por tanto, en la proyectividad de esa tradición y forja nuestras anticipaciones legítimas, lo que, como bien sabemos a través de la hermenéutica de la facticidad, no es una cuestión específicamente jurídica por cuanto afecta a la teoría del conocimiento en la totalidad de las Ciencias humanas cuando se lleva a cabo su confrontación necesaria con la existencia fáctica. Debido a ello, en el contexto de la fundamentación jurídica, debe ser introducida en sus elementos auxiliares de manera racional y controlable –probada– sin dejar de verificar uno solo de los prejuicios, a fin de abandonar en el curso del diálogo aquellos que revelen su carencia de fundamento; forzosidad de prueba omnicomprensiva de los mismos que eleva Hans-Georg Gadamer a la categoría de «ley vital de la Ciencia»[220].

Por *mor* de todo lo anticipado, no conviene olvidar que la labor de práctica social de trabajo con el Derecho propia de los juristas, se estipula creativa, y va bastante más lejos de la mera reducción de su quehacer a la irrealista «determinación» normativa por la vía recursiva a una fantasmagórica subsunción, ya que la historicidad es un modo de existencia humana –el modo– siempre finita, inconclusa y abierta[221]. Esto tiene su expresión directa en la llamada falacia de equivocidad, defendida sin embargo desde el delirio epistemológico de la asepsia positivista que se considera capaz de cortocircuitar la Historia, por

[220] Hans-Georg GADAMER, *Elogio de la teoría…*, *op. cit.*, pp. 66-67.

[221] Para la comprensión del Derecho histórico en tales términos retrospectivos a la vez que prospectivos, se apoya Friedrich MÜLLER en las consideraciones de Richard Bäumlin, recogidas en la obra del último *Staat, Recht und Geschichte. Eine Studie zum Wesen des geschichtlichen Rechts, entwickelt an den Grundproblemen von Verfassung und Verwaltung*, Zürich, EVZ-Verlag, 1961, pp. 24 y ss.

decirlo en la redescripción de Friedrich Müller y su crítica en la que tiende a insistir acerca de que hoy, en el presente, no se está en condiciones de realizar tal tipo de operación, ni tampoco ha sido factible en el pasado, por lo que no deja de ser bastante extraño la objetada forma normativista de plantear los problemas propios de la normatividad que son siempre actuales en cuanto instalados en un momento concreto del acontecer jurídico –histórico–. Pero admitiendo al mismo tiempo que el problema propio de la teoría de la Norma como es el de la relación entre Derecho y Realidad en el interior de la normatividad de las prescripciones establecidas, únicamente puede ser tratado por una teoría de la práctica del Derecho que no se deja reducir a la elaboración y la habilitación de los instrumentos metodológicos de la interpretación lingüística de los textos[222]. Partiendo de esta convicción, si la investigación de las Ciencias históricas incurre en el error de perfilarse en perspectiva meramente explicativa, algo que sucede en buena parte de las ocasiones, para nada merece la pena «el resultado» desde el punto de vista científico, como no sea a los efectos de mero «entretenimiento para los ratos de ocio» Y, si queremos trascender semejantes «expectativas», la indagación ha de estar orientada fundamentalmente a la predicción, aunque bien sepamos, es cierto, a través del proceso heurístico podemos admitir sin mayor dificultad que la función predictiva y la explicativa pueden transformarse la una en la otra en determinados momentos, lo que no es ajeno a dificultades y malentendidos de los que es preciso definitivamente desligarse; naturalmente incluido el no pequeño causado por quienes pretenden contagiar el craso error en el que incurren al defender la irrelevancia del pasado[223].

---

222 Friedrich MÜLLER, *Juristiche Methodik..., op. cit.*, p. 209.

223 Una idea semejante se expresa por Ernest NAGEL, «Some Issues in the Logic of Historical Analysis», en: *Theories of history: Readings from classical and contemporary sources*, ed. de Patrick Gardiner, Illinois, Free Press, Glencoe, 1959, pp. 373 y ss.

En sentido propio, está en consonancia con todo lo dicho anteriormente el inusual abandono de la dicotomía Norma y aplicación normativa practicado por la *Teoría Estructurante del Derecho*, en cuanto desdeña abiertamente la distinción idealista entre «interpretación» y «aplicación» de la Norma, pues esta, en sentido rigurosamente científico, habla en su temporeidad cada vez de modo diverso, pero «como ella misma» plenamente vinculada al correspondiente supuesto concreto en el cual se genera con ocasión de la aplicación. Ruptura original, radical y contundente con el tradicional e impropio planteamiento normativista, que ha de ser vista como inevitable periodo temporal hacia una nueva situación histórico-jurídica plenamente consciente de su estar, lo que incrementa la riqueza y potencialidad energética del *proyecto de trabajo estructurante organizado* en cuya dirección es nuestra responsabilidad avanzar, por cuanto implica decididamente desechar todo lamento de consunción jurídica a partir de su actitud positiva completamente liberadora del nihilismo jurídico negativo y subordinado. He aquí, por tanto, cómo va a ser el caso el encargado de forzar de inmediato al trabajador del Derecho a pensar, no solo a comprender, y también a aprehender –para luego convencer y no tratar de persuadir– a lo largo del genuino *proceso estructurante* comprometido auténticamente con el proyecto del Estado de Derecho y la Democracia; estructura del proceso que libera a la *Teoría Estructurante del Derecho* de la crítica por anamnética y aunque no renuncia cerradamente a la razón de este carácter.

4

Proceso estructurante-normativo y su plasmación en y a través de la lingüisticidad

«Lo único de veras real es lo que siente, sufre, compadece, ama y anhela, es la conciencia. Y necesitamos a Dios para salvar la conciencia: no para pensar la existencia, sino para vivirla: no para saber por qué y cómo es, sino para sentir para qué es»

(Miguel de Unamuno y Jugo)

4.1. Conflictualidad social y función mediadora del lenguaje en la perspectiva estructurante de desocultamiento de lo normativo

Llegados aquí, hemos de decir que, sin acceder a la plena aceptación de la propuesta arquetípica formulada por la concepción posmoderna de la Hermenéutica –por emplear los términos de Jean Grondin[224]– que ve en el lenguaje una «formalización de lo real», ciertamente, atenién-

[224] Jean GRONDIN, *¿Qué es la hermenéutica?*, Barcelona, Herder, 2008, pp. 166 y ss; que parece identificarse básicamente en este punto con la posición de Martin HEIDEGGER cuando hace referencia al lenguaje como la «casa del ser».

donos a las últimas aportaciones del maestro bávaro, se observa en las mismas incluso una superior aproximación esperanzadora a esa función relevante que se considera ha de desarrollar el instrumento heurístico de la lingüisticidad a través de la cual el principio de libertad puede sentirse alcanzado [*Betroffenheit*] y llega entonces a su realización respecto del tratamiento y desocultamiento de la problemática jurídica[225], sea en los aspectos lógicos del lenguaje sea en los terminológicos. Aunque, como toda esperanza de futuro, comporta no solo nuevos impulsos sino también sus riesgos, acerca de los cuales siempre nos advierte, y respecto de todo lo cual busca promover una vez más el debate. Eso quiere decir que, en efecto, motivaciones no inverosímiles al margen, se ha de ser plenamente consciente acerca de que el discurso no puede pretender agotar nunca la competencia práctica ni siquiera dar cuenta de la misma de modo definitivo, toda vez, como creemos haber apuntado suficientemente, el *proceso estructurante* de construcción de la normatividad del caso no depende solo de las características semánticas del lenguaje, y si bien la Ciencia jurídica –que, reiteremos, es Ciencia-práctica-aplicada– nunca funcione sin la mediación lingüística[226].

[225] Friedrich MÜLLER, en su reciente obra *Syntagma. Verfasstes Recht, verfasste Gesellschaft, verfasste Sprache im Horizont von Zeit*, Berlin, Duncker & Humblot, 2012, que prosigue y perfila la línea siempre seguida por el autor de cooperación práctica entre la Ciencia jurídica y el resto de las Ciencias sociales, en lo observado por nosotros de una primera y rápida lectura que demanda naturalmente superior reflexión, pero en la que encontramos una idea concordante con lo expresado por nuestro Miguel DE UNAMUNO Y JUGO acerca de que realmente el lenguaje es nuestro pensamiento, o que expresa nuestro pensamiento, cosa distinta de si se puede pensar más alla del lenguaje, pero lo primero queda claro, véase de nuestro compatriota, por ejemplo, su «Prólogo a la versión castellana (primera edición) de la Estética de B. Croce», en: *Obras completas*, Vol. VII, pp. 987-1000, y a quien por cierto consideramos bien encuadra Pedro CEREZO GALÁN entre la *Weltanschauung* diltheyana y la Filosofía de la existencia, *Las máscaras de lo trágico*: *Filosofía y tragedia en Miguel de Unamuno*, Madrid, Trotta, 1996.

[226] Friedrich MÜLLER, *Recht, Sprache, Gewalt. Elemente einer Verfassungstheorie* I, 1ª ed., Berlin, Duncker & Humblot, 1975, *passim*.

De cualquier modo, asimismo importa notar que la *Teoría Estructurante del Derecho* salva en todo momento la plena responsabilidad de la Ciencia jurídica, procurando para tal menester no distender el peculiar vínculo de adecuación [*Übereinstimmung*] entre la cosa y los signos –la referencia estructural al caso–, entre la realidad y un lenguaje que abandona con ello su relación contingente con el pensar además de establecer la condición de posibilidad de la comprensión misma y no operar de mero intermediario, porque apunta a la representación de, entre la cosa-signo y lo señalado, en términos de experiencia especulativa, de lo que en el ámbito jurídico surge el Derecho válido al que se llega por medio del lenguaje jurídico libre. En todo caso, acertadamente sostuvo Martin Heidegger en diversas oportunidades que esta coincidencia no suponía un primer grado de objetivación de la cosa-signo y lo señalado que absorba lo señalado en el signo por el simple concebirse, sino que la cosa aún no se ha objetivado como algo dado[227]. Y procederá mucho menos a privilegiar los falsos sistemas, las frías abstracciones, las tentaciones retórico-persuasivas, los discursos repetitivos e impregnados de fetichismo, las estructuras inauténticas o los textos desvinculados del hablante y del sentido –unitario– que este les imprime por encima de lo aparentemente declarado, además de mostrarse completamente ajena a planteamientos inscripcionalistas de la Norma jurídica amparados por la filosofía del lenguaje nominalista, tratando con todo esto, claro es, de establecer una especie de círculo o estamento en el que solo unos pocos puedan entenderse[228]. En cuanto tal, opera rechazando esta forma

[227] Martin HEIDEGGER, *Prolegomena zur Geschichte des Zeitbegriffs*, 3ª ed., Frankfurt am Main, Vittorio Klostermann, 1994.

[228] Que la comunidad jurídica deba estar integrada por técnicos es una cuestión cierta, dirá Luís-Roberto BARROSO, pero no tienen por qué formar sus integrantes un «círculo exclusivo del habla jurídico», algo así como una sociedad de castas o estamentos, en la que apenas algunos pocos privilegiados puedan comprender o decir algo, y los restantes sean una especie de siervos y vasallos que apenas puedan «decir» algo a partir de lo que ya fue fijado por los primeros como «*Direito*», «Fundamentos teóricos

de proceder al objeto de preservar la dimensión intersubjetiva y sobre manera crítico-positiva de la lingüísticidad, tan esencial a toda comprensión auténtica que, para resultar de tal naturaleza, siempre debe actuar desde afuera hacia adentro tomando como base los hechos a modo de *autognosis* atributiva de sentido, conforme espléndidamente dibujara hace ya no tan poco tiempo el genial Giambattista Vico. Pero ahí, en ese instante, tratándose el Derecho como se ha dicho de una Ciencia social aplicada y en esta vertiente crítica del positivismo legal mantenida a lo largo del texto, es imprescindible atender a la incidencia de una visión lingüístico-pragmática durante el *proceso estructurante*, aseverando corresponde al jurista como se ha sostenido el papel de llevar a cabo la *concretización* normativa, sin olvidar de fondo el hecho trascendental de que una pretendidamente existente Norma jurídica previa, dotada de generalidad y abstracción, sin aplicación a la Realidad, pierde completamente su sentido y no es existente como tal norma[229].

En esta fortalecida confianza y dimensión de profundidad [*Tiefsinn*] en el lenguaje, resuena de nuevo en su sugerente planteamiento el eco heideggeriano-gadameriano de defensa frente a los riesgos que comporta la «subjetividad objetiva», y proponente del realce del lenguaje como médium de mediaciones y validaciones en la realidad natural en la que nos hallamos[230], vale decir, en el contexto

e filosóficos do novo Direito Constitucional brasileiro (Pós-modernidade, teoria crítica e pós-positivismo)», en: *Temas de Direito Constitucional*, Tomo II, Rio de Janeiro, Renovar, 2003, pp. 61 y ss, con especial inflexión sobre la «*fetichização*» del discurso jurídico; asimismo en similares términos Lénio-Luiz STRECK, *Hermenêutica Jurídica...*, *op cit.*, pp. 93 y ss. Se adscriben ambos autores a la tesis, de conformidad con la cual, el Derecho tiene como condición de existencia la de ser en gran medida lenguaje; ahora bien, según consideran, lo que los juristas dicen del Derecho no se limita a la formulación de predicados jurídicos sino que determina el significado de lo que el Derecho dice, de modo que en algún sentido determinan –crean– lo que el Derecho dice, vale decir, lo que realmente es.

229 Lenio-Luiz STRECK, *Hermenêutica Jurídica...*, *op. cit.*, pp. 17 y ss.

230 El *logos* como suprema forma de mediación desde la Grecia clásica recibe tal valoración de parte de Hans-Georg GADAMER, *Die Idee*

cultural al que somos arrojados de apertura a posibilidades y exigencias desarrolladas preferentemente conforme a la experiencia dialogal de auto-aseguramiento –posible– de la razón, que por lo anterior no puede ser nunca una razón pura, y reconociendo asimismo la ostensible falta de omnipotencia de la misma –de la lograda–, aunque siga siendo de indispensable ayuda. Se acerca aún en superior medida de este modo Friedrich Müller a través de un tan leve como sutil desplazamiento a la orientación siempre defendida por Hans-Georg Gadamer de la inserción del pensamiento en el lenguaje –y que este segundo toma de los desarrollos pragmáticos del último Ludwig-Josef-Johann Wittgenstein[231]–, lo que le llevó a concluir un tanto hiperbólicamente que solo podemos pensar dentro del lenguaje. Postura frente a la cual el pensador bávaro en el pasado había mostrado algunas casi imperceptibles precauciones con la finalidad de evitar los que se califican de fetichismos e hipostacio-

des Guten zwischen Plato und Aristoteles, Heidelberg, Akademie der Wissenschaften, 1978; y la mediatización del propio lenguaje jurídico ha sido especialmente subrayada por Josef ESSER, *Vorverständnis und Methodenwahl..., op. cit.*, pp. 50 y ss.

[231] El lenguaje constituye el soporte de nuestro pensamiento, expresaría Nicolai HARTMANN en la línea de ruptura y distanciamiento que traza, respecto al objetivismo cientificista de matriz neokantiano en cuyo marco había arrancado, si bien, para el autor, desconocemos hasta qué punto estamos dominados realmente por el lenguaje, *Das Problem des geistigen Seins. Untersuchungen zur Grundlegung der Geschichtsphilosophie und der Geisteswissenschaften*, aparecido inicialmente en 1933 y que citamos por la 2ª ed., Berlin, Walter de Gruyter, 1949, pp. 220 y ss; de lo que se trata entonces es de no dejarse anular por el lenguaje, porque si bien el mismo ha de ser un espacio de creación jurídica, como apunta entre otros Dietrich BUSSE, *Juristische Semantik: Grundfragen der juristischen Interpretationslehre in sprachwissenschaftlicher Sicht*, Berlin, Duncker und Humblot, 1993, no es menos cierto que hay creación jurídica –comprensión– en mayor o menor medida trascendiendo el lenguaje, como viene a admitir Bernd JEAN D` HEUR, «Gemeinsame Probleme der Sprache – und Rechtswissenschaft aus der Sicht der Strukturierenden Rechtslehre», en: *Untersuchungen zur Rechtslinguistik. Interdisziplinäre Studien zu praktischer Semantik und Strukturierender Rechtslehre in Grundfragen der juristischen Methodik*, ed. de Friedrich Müller, Berlin, Duncker & Humblot, 1989, pp. 17 y ss.

nes subrepticias del lenguaje –esto último, por supuesto, algo distinto del sugerente planteamiento de Martin Heidegger respecto de una hipostatización en su caso correcta del lenguaje, aunque, con todo, nos parece quizá un punto hiperbólica–; entendiendo el lenguaje en otro contexto de significatividad con superior matiz «como un modo fundamental del estar–en–el–mundo» que es obviamente «en sí mismo temporal»[232]. Lo cual bien se compadece con la unificación que realiza el autor entre la dimensión lógica y la dimensión lingüística en la concepción del *logos* que subyace en el proceso de comprensión, no en vano pudo autorizadamente estimar que «el lenguaje es el más peligroso de los bienes»[233], y mucho antes le inquietó seriamente la dificultad que entraña su carácter muy poco unívoco[234]. Téngase en cuenta que desde el realce siempre considerado del habla-lenguaje, no había desechado completamente la *Teoría Estructurante del Derecho* su consideración como tercer elemento en algunos momentos: como sentido, pues este siempre acontece históricamente en términos caracterizadores de historia efectiva [*Wirkungsgeschichte*], y carece sin embargo de sentido como realidad inserta en un proceso objetivamente dado; idea antedicha que en nuestra apreciación de admiración, pero decididamente esta siempre no epigonal, entendemos parece ahora descartar por completo el maestro bávaro[235].

232 Percepción de Martin HEIDEGGER, *El concepto de tiempo*, Barcelona, Herder, 2008, p. 96. Puede verse asimismo Otto PÖGGER, *El camino del pensar de Martin Heidegger*, Madrid, Alianza, 1986.

233 Recordemos que así lo afirma Martin HEIDEGGER, parafraseando al poeta romántico Friedrich Hölderlin, y reproduce en su *Über den Humanismus*, Frankfurt am Main, Vittorio Klostermann, 1947; obra entre nosotros conocida como *Carta sobre el humanismo*, que trae su origen de una misiva dirigida a Jean Beaufret (París) en el año 1946, la cual sería revisada y aumentada a efectos de su edición, apareciendo publicada por primera vez en forma de apéndice a la obra *Platons Lehre von der Wahrheit. Mit einem Brief über den Humanismus*, Bern, Francke, 1947.

234 En la concepción de Platón, recordada por Hans-Georg GADAMER, *Verdad y Método…*, *op. cit.*, p. 489.

235 Parece, pues, estar aquí cercano de la exposición tomista, conforme a la cual, al descartarse la semiología, el signo representa algo distinto

4.2. La quiebra de la violencia conflictual-fáctica y su redimensionamiento material mediante el empleo de la fuerza original del lenguaje: su transponibilidad en la tonalidad del Derecho

En sintonía con su inconfundible función de mediación –concreta– desarrollada a lo largo del *proceso estructurante*, las reglas del lenguaje –que tiene obviamente, pues, naturaleza social– no pueden reflejarse mediante la pueril idea de significar una especie de fondo [*Bestand*] de palabras y de actividades prácticas para su posterior conexión. Porque ello específicamente representaría solo un aspecto exterior incapaz de expresar el carácter intrínseco de diálogo propio de la lingüisticidad, que únicamente vive a través de la lectura de nuestras palabras realizada por «el tu» y permisiva del descubrimiento de algo hasta entonces encubierto [236]; prospectiva heredada de la tradición hermenéutica y permisiva del entenderse con el otro en sentido pleno, con lo cual, se abandona la inapropiada variante funcional-instrumental del lenguaje[237]. Toda vez que, como enseña la hermenéutica de

de sí mismo a la inteligencia, y el lenguaje trasciende la mera representación de signos, a los cuales se atribuye sentido en cuanto este permite comprender aspectos de la realidad que se infieren de la propia realidad, toda vez la significan, puede verse Tomás DE AQUINO, «De Veritate, Cuestiones 16 y 17. La sindéresis y la conciencia», en: *Cuadernos del Anuario Filosófico*, Serie Universitaria 61, Pamplona, SPUN, 1998.

236 Esta idea del leguaje como *Ereignis* aparece especialmente en la Hermenéutica en camino [*Hermeneutik unterweg*] de Martin HEIDEGGER, recogida en su colección de escritos *Unterwegs zur Sprache*, aparecida en Pfullingen, Gunther Neske, 1959, y en ese contexto se comprenden sus retóricas afirmaciones expresadas en términos hiperbólicos acerca de que los hombres no solo participan del diálogo son propiamente un diálogo, y que no estamos en el tiempo y en la historia, pues ante todo nosotros mismos somos tiempo e historia, a cuyo fin repite como argumento de apoyo un verso de Stefan George que le era particularmente grato: «*Kein Ding sei wo das Wort gebricht*».

237 Vale decir, el desarrollo de una función que las formas lingüísticas relacionan con el pensamiento, perspectiva que entendemos es finalmente la de Bernd RÜTHERS, aunque quizá no fuera exactamente esa la pretensión del autor, véase *Rechtstheorie, Begriff, Geltung und Anwendung des Rechts*, München, Beck Verlag, 2005, pp. 118 y ss.

la facticidad, nos hallamos frente a la problematicidad que plantea la inexistencia de un significado original del texto, e igualmente resulta inadmisible plantear la admisibilidad de que este nos hable como una opinión pasada de tiempo desde el punto de vista histórico, por lo que es inevitablemente necesario conferirle una significatividad en el momento de hacerla suya en el acto de aplicación; justamente, a través de la actitud dialógica de formulación de preguntas y respuestas que plantean nuevas preguntas en el contexto conversacional de carácter infinito adoptando a lo largo del proceso una reflexión concentrada que abarca asimismo y penetra la relación con «un tú»[238], realizada en coordenadas tanto retrospectivas empleadas instrumentalmente como prospectivas con vistas a las posibilidades todavía no realizadas. Pues hoy en día sabemos que, como destaca explícitamente en una de sus tesis fundamentales la universalidad de la hermenéutica gadameriana de carácter esencialmente práctico, la fijación de los aspectos comunicativos de la comprensión resulta especialmente esclarecedora en cuanto a su explicación de la compleja relación entre lenguaje, razón y mundo, construida en orden a adquirir sus conceptos antisubjetivistas de verdad y sentido[239]. Esto es, por medio de la conversación la comunicación/comprensiva se encuentra siempre en acto, puesto que el lenguaje opera como un tipo de acción

[238] Por todos Hans-Georg GADAMER, «Destruktion y deconstrucción», en: *Diálogo y desconstrucción. Los límites del encuentro entre Gadamer y Derrida*, ed. de Antonio Gómez Ramos, Madrid, SPUAM, 1998, pp. 65 y ss. Postura que claramente asume el propio Jacques DERRIDA, baste remitirse a su obra *Márgenes de la filosofía*, Madrid, Cátedra,1989, en la que da evidentes muestras de su actitud dialógica de apertura al otro caracterizante del pensamiento judío, con el que abiertamente simpatiza, entre otras razones, por la no menor de su origen sefardie, en último estremo de Toledo; quien, por cierto, otorga menor significado al lenguaje de lo que lo hacen algunos de sus detractores, y, en fin, claramente admite la posibilidad de que no todo pensamiento tenga que ver con el lenguaje, al efecto, *L`Ecriture et la différence*, Paris, Du Seuil, 1967, entre otros momentos, pp. 54-55.

[239] De alto interés sobre la cuestión, Helmuth VETTER, *Philosophische Hermeneutik. Unterwegs zu Heidegger und Gadamer*, Frankfurt am Main, Peter Lang, 2007, pp. 109 y ss.

humana en la que la doble dimensión elocutiva y perlocutiva de los actos de habla constituye el presupuesto último del significado, de la comunicación, del simbolismo y de las mismas reglas del lenguaje[240].

Tensión característica del proceso jurídico-comunicativo concebido como actitud dialógica, distinta, que no opuesta, del denominado prototipo dialéctico-aristotélico, aunque con cierta frecuencia se considera equívocamente la identificación de ambos. Dificultades y tensiones que abocarían al fracaso tanto del positivismo como del humanismo, precisamente de entre la multitud de planteamientos comunicativos dos de las más relevantes teorías que han abordado la problemática, debido a su empecinada pretensión en ambos casos de establecer un único paradigma de la comunicación, siendo así que esta, por su propia naturaleza, constituye el proceso en virtud de cuyo dinamismo interno en modo alguno puede ser concebida como un todo uniforme[241]. Así, pues, el objetivo a desarrollar postula un acercamiento comprensivo al universo de la comunicación en su totalidad, tal como terminamos de señalar, vista como un proceso de continuo movimiento del espacio y el tiempo unificados en el *space-time*. Una experiencia de la totalidad espacio-temporal en definitiva, e implica de hecho, por su fuerza de conducción e intersección, un consecuente enfoque crítico-indagativo de radical exclusión de lo inauténtico que, conscientemente, no admite las tradicionales abstracciones y desecha las terminologías gastadas así como los significados antológicos tan desfavorecedores del aprendizaje, de modo que para nuestras pretensiones la teoría de la Norma jurídica no sea separada del mundo del ser, del mundo del Derecho[242].

---

240 John-Rogers SEARLE, *Mind Language and Society. Philosophy in the real World*, New York, Basic Books, 1998.

241 Como apuntara Igor E. KLYUKANOV, *A Communication Universe: Manifestations of Meaning, Stagings of Significance*, Lanham-Maryland, Lexington Books, 2010, pp. 149 y ss.

242 Desde las investigaciones lingüísticas de Wilhelm von Humboldt básicamente se acepta que «todo mundo» es un producto obra del lenguaje, y por consiguiente «cualquier mundo» carece de existencia fuera del lenguaje, esto es, deviene por la fuerza de su energía, concepto, bien es sabido,

Un mundo, en suma, abierto a la verdad «que ocurre», pero comprendida en situación histórica, concreta y lingüística, a cuyo través se reconocen y pretenden dominar los conflictos sociales y humanos que mediante la transformación en lenguaje jurídico se han de superar o aparece la «posibilidad de», en el sentido de Martin Heidegger. Un mundo, «cualquier mundo» nos dice este autor, de que «nos cuidamos», a «que atendemos», es el «*mundo entorno* del que ponemos al descubierto su estructura», aunque no se llegue nunca a captar y concebir plenamente su sentido, este conocimiento o familiaridad es lo que se llama mundo, y que entiende está constituido y es constitutivo del ser, ya que los seres humanos tenemos un mundo diferente del ambiente, la naturaleza o el universo donde vivimos; mundo integrado por un conjunto de relaciones, prácticas y compromisos adquiridos en una cultura. El mundo realmente nos es dado por nuestra cultura, estimará, es el todo en el cual los seres humanos se hallan inmersos en, y rodeados por, en tanto el lenguaje hace posible el entendimiento de nosotros mismos y de los demás, pues posibilita las diferentes formas particulares de relacionarse y sentir que tienen valor en una cultura; esto es, las habilidades, significados y prácticas, adquieren sentido merced al mundo compartido dado por la cultura y articulado a través del lenguaje[243]. Porque, debemos tener en cuenta que la fatalidad inherente de la polémica teoría de «lo *bellum omnium contra omnes*» no puede considerarse en modo alguno la llave para la comprensión del ordenamiento de la Comunidad» como expusiera por todos Nicolai Hartmann, con independencia de ser en sí misma considerada una perspectiva tan «superflua como inverosímil»[244].

---

de creación aristotélica, que significa activo/eficaz, y tiene lógicamente su origen en el sujeto; variante con la que concuerda Arthur KAUFMANN al expresar que «el mundo» deviene solo a través del lenguaje, *Filosofía del Derecho…, op. cit.*, p. 224; se habría descartado el planteamiento cartesiano al admitir que el lenguaje es un principio constitutivo del pensamiento.

[243] Martin HEIDEGGER, puede verse *Prolegomena zur Geschichte des Zeitbegriffs* (1924)…., *op. cit.*, p. 27.

[244] Nicolai HARTMANN, *Das Problem des geistigen Seins. Untersuchungen zur Grundlegung der Geschichtsphilosophie und der Geisteswissenschaften*, Berlin-Leipzig, De Gruyter, 1933.

Pues bien, a fin precisamente de reconocer y dominar el conflicto social contemporáneo se podría decir que, aceptado de entrada el compromiso de nuevas configuraciones, la fuerza original de la manifestación lingüística se transpone en la tonalidad del Derecho, ante lo que, expuesto sintéticamente, queda quebrada la violencia conflictual fáctica así como redimensionada materialmente a través de aquel, respecto del que bien es cierto siempre ha reconocido la *metódica estructurante* su necesaria función mediadora-sustantiva en orden a la operatividad de lo normativo como recurso y proyecto integrador[245]; esto es, el Derecho vehicula la «inevitable»[246] conflictualidad y violencia social que, una vez es específicamente formalizada, se pliega o rebaja por medio de la capacidad consumativa e intersubjetiva del lenguaje en poder o violencia verbal[247]. Y, desde esta perspectiva, la Constitución como

[245] La naturaleza de recurso propia del Derecho fue destacada por José ORTEGA Y GASSET, «La razón histórica», en: *Obras Completas*, Tomo XII, Madrid, Revista de Occidente, 1983, pp. 291 y ss.

[246] En expresión de Serge MOSCOVICI –*La societé contre nature*, UGE, Paris, 1972, p. 84–, citado por Óscar Alzaga Villaamil, *Derecho Político…, op. cit.*, p. 46.

[247] Como propugna Friedrich MÜLLER desde siempre en sus reflexiones sobre el lenguaje, así ya en *Recht, Sprache, Gewalt. Elemente einer Verfassungstheorie* I, 1ª ed., Berlin, Duncker & Humblot, 1975; o de nuevo por ejemplo Friedrich MÜLLER / Ralph CHRISTENSEN / Michael SOKOLOWSKI, *Rechtstext und Textarbeit*, Berlin, Duncker & Humblot, 1997, entre otros momentos, y con apoyo en Gilles Deleuze, p. 56. Además, se integra el autor como fundador en el denominado «Grupo de Lingüística jurídica de Heidelberg», que ha desarrollado esfuerzos importantes entre los que se puede citar, *Untersuchungen zur Rechtslinguistik, Interdisziplinäre Studien zu praktischer Semantik und Strukturierender Rechtslehre in Grundfragen der jurisitischen Methodik*, ed. de Friedrich MÜLLER, Berlin, Duncker & Humblot, 1989; y Friedrich MÜLLER / Rainer WIMMER, *Neue Studien zur Rechtslinguistik*, Berlin, Duncker & Humblot, 2001. Y de la problemática de la ausencia de unidad de lingüisticidad propia de un Derecho multilingüe como es el Derecho Europeo comunitario, con las consiguientes dificultades que ello implica en orden a la comprensión, se ha ocupado en Friedrich MÜLLER / Isolde BURR, *Rechtssprache Europas, Reflexion der Praxis von Sprache und Mehrsprachigkeit im supranationalen Recht*, Berlin, Duncker & Humblot, 2004, si bien no se acepte por el autor, lógicamente, que sea el estudio de

«sentido» de referencia [*Bezusgssinn*] determina «la tarea elemental que se impone al Estado de preservar en última instancia la paz y el orden en un ámbito determinado»[248], esto es, en una Sociedad organizada en Comunidad Política, puesto que ambas solo pueden ser concebidas en tales términos[249]. Porque, la idealizante versión de Paul Ricoeur, conforme a la cual, allí donde aparece el discurso quiebra la violencia, debe matizarse convenientemente, a cuyos efectos incluso el propio autor se vio forzado a reconocer que el discurso «verdadero», «coherente», ni ha sido aún pronunciado ni hay quien detente el mismo en exclusividad, puesto que a su esencia pertenece lo plural y lo diverso, esto es, la discursividad de los demás[250]. Condición actuante de lo lingüístico, de otra parte, superadora de la vetusta consideración intermedia del lenguaje como algo desconcertadamente colocado entre la prepotencia de un sujeto y el objeto externo al primero, relación que no explica con carácter general la esencia del conocimiento[251], y que además se plantea frecuentemente en tono agresivo-comunicativo. A cuyo fin o sentido de permitir la comprensión intersubjetiva sirve efectivamente el lenguaje si trasciende el carácter de mero presupuesto práctico y tiene en cuenta su propia esencia de recuperación por medio de la interferencia de la plenitud del presente a través de la consideración de la historicidad fruto de la experiencia, y

una lengua extranjera lo que permite construir una nueva concepción del mundo, de cualquier mundo.

248 Alexander HOLLERBACH, «Ideologie und Verfassung», en: *Ideologie und Recht*, ed. de Werner Maihofer, Frankfurt am Main, Vittorio Klostermann, 1969, p. 51.

249 Entre la seria y abundante bibliografía acerca de la cuestión, últimamente la obra aparentemente divulgativa pero de trama compleja debida a Zygmunt BAUMAN, *El tiempo apremia,* Barcelona, Arcadia, 2010.

250 Paul RICOEUR, *Lectures I. Autour du politique*, Paris, Du Seuil, 1991, p. 131.

251 Esta es la crítica correcta que vierte Martin Heidegger, según aguda observación debida a Gianni VATTIMO: «la conoscenza non è il rapporto di un soggetto con un oggetto esterno a lui, ma invece l'articolazione di cui l'esserci dispone già sempre, en ella quale è già sempre in rapporto col mondo», *Introduzione a Heidegger*, Roma-Bari, Laterza, 1971, p. 40.

la observación responsable por medio de la «forma» apropiada a la «palabra de la pregunta» que acepta la incontrovertible limitación de nuestro conocimiento, pero ilumina al mismo tiempo el pensamiento en la búsqueda de una visión de claridad del mundo de naturaleza introspectiva en sí misma además de prospectiva y circunspectiva[252]; inclusive teniendo en cuenta que el grado de concretizabilidad tiene en el ámbito jurídico una intrínseca y peculiar relación con la estructura lingüística del particular texto de Derecho positivo.

Y todavía podemos decir como añadido que los propios principios constitucionales son apenas relevantes para la cuestión de la mera legalidad formal, pero sí se estiman en superior medida como referentes a efectos de la elaboración de una concepción más propriamente axiológica del Derecho, en términos de objetivación de ciertos valores sociopolíticos subsistentes cuando se trata de la formalización jurídica del Derecho Constitucional por el poder constituyente del Pueblo[253]. Por lo tanto, dado su carácter también –que no únicamente– de signo, le es reconocida al lenguaje la ambigüedad e indeterminación frecuente de las palabras así como su polisemia, ante lo que va a resultar imposible encontrar y mucho menos comprobar un sentido unívoco de los textos jurídicos constitucionales sin la «producción de un proceso de comprensión, donde el sujeto, a partir de una situación hermenéutica, realiza una fusión de horizontes a partir de su historicidad», pues «no hay interpretación sin relación social»[254], por medio de la cual el lenguaje intencionalmente se direcciona. Efectivamente, dado el carácter abierto de las estructuras de la casi

[252] Remitimos al libro de Martin HEIDEGGER, *Logik. Die Frage nach der Wahrheit*, Frankfurt am Main, Vittorio Klostermann, 1976.

[253] Paulo BONAVIDES / Antônio Paes de ANDRADE, *História constitucional do Brasil*. 3ª ed., Rio de Janeiro, Paz e Terra, 1991, pp. 923 y ss; en similar dirección Adriano Sant'Ana PEDRA, *A Constituição viva: poder constituinte permanente e cláusulas pétreas*, Belo Horizonte, Mandamentos, 2005, pp. 38 y ss.

[254] Lenio-Luiz STRECK, *Hermenêutica Jurídica...*, *op. cit.*, p. 17.

totalidad de los preceptos constitucionales positivos, las decisiones jurídicas concretas distan de ser deducidas por completo de las estructuras lingüísticas, de pretendidos juicios hipotéticos, sino que lo han de ser de la *concretización* realizada por medio de la praxis jurídica en la que se consideran los factores reales y los factores normativos[255] –los primeros relevantes para los segundos–, mediante el desarrollo de una actividad creativa, y naturalmente intencional, referida a cada situación[256].

Se debe a John R. Searle uno de los últimos intentos serios encaminado a rehabilitar la teoría de la intencionalidad aunque termine recortando muy apreciablemente el alcance de la misma. En todo caso, bien sea como hace el propio autor, a base de defender su propuesta desde una epistemología naturalizada que no admite la referencia a entidades metafísicas ajenas a los propios procesos de análisis, sea acudiendo más clásicamente a planteamientos metafísicos, a su juicio, el uso meramente metafórico de la noción de intencionalidad permite mostrar cómo incluso los fenómenos naturales están abiertos a diversos niveles de inteligibilidad, incluyendo la referencia a una mente capaz de comprenderlos; sin que la aparición de la conciencia pueda verse a modo de una especie de anomalía en el funcionamiento del universo sino como manifestación intencional del movimiento fundamental de la vida fáctica[257]. En contraste con lo pretendido por el materialismo eliminativo y unilateral de Daniel Dennett, según valora, reductor de la actividad de la conciencia a mera

[255] Marcelo NEVES, tras subrayar el valor y alcance de la teoría constitucional de Friedrich Müller, reconoce la importancia prestada por el autor con respecto a las características semánticas del lenguaje, principalmente del peculiar lenguaje constitucional, por su incidencia en el desarrollo del proceso de concretización normativa, *A constitucionalização simbólica*, São Paulo, Martins Fontes, 2007, pp. 86-87.

[256] Manfred FRANK, *Die Grenzen der Verständigung: ein Geistergespräch zwischen Lyotard und Habermas*, Frankfurt am Main, Suhrkamp, 1988, pp. 50 y ss.

[257] John R. SEARLE, para lo que puede verse *Language and Society…*, *op. cit.*, *passim*.

actividad neuronal, haciéndola depender exclusivamente de las entradas y salidas de información procedentes de la experiencia y expresadas a su vez en un lenguaje en tercera persona, pues considera que ello es imposible debido al funcionamiento asimismo intencional de la conciencia, la cual, solo si es comprendida como la esencia de la mente, logrará evitar la aparición de formas de materialismo regresivas, caso del epifenomenismo y el conductismo.

También rechaza John R. Searle la unilateralidad de los aludidos argumentos de clara idiosincracia materialista esgrimidos por el criticado Daniel Dennett, al considerar tal posición adolente de numerosos malentendidos que parecían erradicados hace tiempo, tendentes a una pretendida objetividad del lenguaje en tercera persona capaz de lograr la progresiva eliminación por parte de la neurociencia de cualquier referencia a la mente o conciencia subjetiva. Postula, pues, considerar el papel decisivo desempeñado por el lenguaje en primera persona empleado desde y por la propia conciencia para expresar su capacidad de regulación de la respectiva actividad mental, como efectivamente exigiría un modelo de carácter no reduccionista de interacción recíproca entre mente y cerebro, proceso sometido a un doble influjo, pero salvando la identidad de cada uno: de un lado, el producido causalmente por la actividad cerebral sobre los propios estados de la mente; y, de otro, el mayor o menor alcance intencional que de un modo indirecto los estados mentales atribuyen a las manifestaciones cerebrales[258].

[258] Atendido sea este tenor, considera John R. SEARLE que existen tres clases de intencionalidad: a) la meramente metafórica y propia de las relaciones causales que remiten genéricamente a un antecedente o consecuente; b) la intencionalidad causal indirecta que atribuye a la actividad cerebral la facultad de generar diversos estados mentales, que son los auténticamente intencionales; c) la directa o explícita de los estados mentales que remite la conciencia y a su vez esta a tres posibles supuestos: a los distintos objetos del mundo externo cuando se utilizan en una primera intención; a ellos mismos y a su respectivo proceso de producción, cuando se usan de un modo reflejo en segunda intención; a los estados mentales que un ulterior acto del habla puede producir en un eventual interlocutor para

4.3. Significatividad jurídico-estructurante y democrática factible por medio del lenguaje

La «ley» no es algo incuestionablemente establecido, no contiene normas listas para ser inmediatamente aplicadas sino solamente textos de normas, tal como se viene reiterando, siendo la realización y la *concretización* normativa final el resultado del trabajo jurídico consistente en un proceso continuado en el tiempo que toma como parámetros cuestiones lingüísticas y fácticas. Esto es, la *concretización* de la Norma jurídica, conforme venimos insistiendo, no consiste en la reproducción de contenidos formulados hipotéticamente, implica por el contrario su construcción propuesta para el caso concreto, alejándose de este modo de subjetivismos radicales conducentes al abismo y tomando para tal finalidad, como reiteradamente hemos reconocido, tanto datos lingüísticos como fácticos, a efectos de configurar realmente la conexión vivida sometida a comprensión, para lo que sirven desde luego las formas lingüísticas pero inevitablemente también las experiencias así como las constataciones al margen de la lenguajidad. Y ello, en correspondencia al sentido adelantado por Wilhelm Dilthey, cuando formulara su propuesta de que la comprensión caracterizadora de las Ciencias del espíritu, de su historicidad, lo es siempre de manifestaciones de vida, en concreto, de la vida práctica comunitaria que en cuanto histórica se nos trasmite de nuevo textualmente y ha de ser críticamente comprendida así como liberada de ese pasado para poder ser útil al futuro[259]; pero

lo que remitimos a su *Language and Society…, op. cit., passim*; y asimismo puede verse su obra *El misterio de la conciencia. Intercambios con Daniel Dennett y David J. Chalmers*, Barcelona, Paidós, 1997.

[259] Al efecto puede consultarse su «Plan» al objeto de continuar la estructuración del mundo histórico, en Wilhelm DILTHEY, *Obras de Wilhelm Dilthey, Vol. VII: El mundo histórico*, México, FCE, 1944, pp. 229 y ss, puesto que refuerza el autor la idea de ampliar la Hermenéutica de los confines reducidos a la intepretación de textos lingüísticos hasta hacerla aparecer como adecuada para la comprensión histórica en su globalidad, aspecto bien ha resaltado por Paul CORSET, «Wilhelm Dilthey

evidentemente sin que nos sea lícito prescindir de la escucha de lo primitivo del pasado, para en diálogo con él ofrecer un resultado fructífero al futuro[260].

La orientación normativista, por contraste, adopta la errónea concepción objetivista del pretérito como algo ya dado y petrificado desde antaño de modo definitivo, siempre con desprecio de los *Lebenshorizonten* y su significatividad futura, pues únicamente puede avizorarse esta por medio del lenguaje, abriéndose a su través a la temporabilidad [*Zeitlichkeit*][261], al ámbito u horizonte de experiencia [*Erfahrung*] del «pasado presente» [*Gegenwärtige Vergagenheit*], cuyos acontecimientos se han incorporado y vuelven actuantes al recuerdo[262]. Por ello pudo señalar Karl Löwith en su acerada crítica del historicismo que «el ser y el "significado" de la Historia son determinados en general por la Historia misma», por lo que la intención del

---

1833-1911: Le pacte moderne entre épistémologie et herméneutique», en: *Comprendre et Interpréter. Le paradigme hermenéutique de la raison*, ed. de Jean Greisch y otros, Paris, Beauchesne, 1993, pp. 127 y ss. Planteamiento que acoge y perfila Martin HEIDEGGER, a modo de ejemplo, puede verse *Tiempo e Historia*, Madrid, Trotta, 2009; según modélicamente expone el autor: «La pauta de la relación de nuestra actualidad para con el pasado es algo que se puede verificar en las *ciencias históricas del espíritu*, las cuales se presentan a sí mismas como medio en que la experiencia histórica de la vida se hace accesible, y estipulan, además, cómo debe objetivarse de manera científico-teórica el pasado», p. 56. En tanto con superiores matices Hans-Georg GADAMER emplearía el término «lenguajidad» [*Sprachlickeit*] para designar al «elemento en el que vivimos» en cuanto «la realización de nuestro ahí».

260 Quizá la ideal explicación-obrando de esta perspectiva dialógica es la propuesta-realizada por Martin HEIDEGGER en su casi insuperable comentario de «La Sentencia de Anaximandro» –«Der Spruch des Anaximander (1946)» –, en: *Holzwege*, 8ª ed., Frankfurt am Main, Vittorio Klostermann, 2003.

261 En el contundente reproche de Friedrich-Wilhelm NIETZSCHE –ese «escritor y pensador sin par» que «registró, como un sismógrafo sensible, las convulsiones de nuestra época», en términos acertados de Franco Volpi– entre otros momentos, recogido en su *Die Geburt der Tragödie aus dem Geiste der Musik*, cuya primera edición data de 1872, y en la que se toma ya una fuerte distancia frente al infructuoso historicismo.

262 Reinhart KOSELLECK, *Vergangene Zukunft. Zur Semantik geschichtlicher Zeiten*, Frankfurt am Main, Suhrkamp, 1979, pp. 354 y ss.

autor es claramente mostrar cómo, en realidad, durante los siglos pasados, el modo de ser y el significado de la Historia propiamente han sido determinados «sobre la base de convicciones asumidas por la tradición y no justificadas ni justificables racionalmente, pero tampoco se ha hecho la asunción referida de manera acrítica e inconsciente, y, así las cosas, la filosofia de la Historia; o más en general, la interpretación de la Historia, es para el autor «una tentativa de comprender el sentido del hacer y del actuar de los hombres en ella»[263].

Proceso de logro de fusión de horizontes [*Horizontverschmelzung*] que, por lo tanto, ha de ser alcanzada entre el pasado y el presente, para lo que deberá actuar tanto de forma diacrónica como de forma sincrónica, escribirá Hans-Georg Gadamer, y posee la característica de ser «la forma de realización de la conversación»[264], a cuya finalidad se sirve de la figura del círculo hermenéutico con la procura eso sí de evitar en todo instante su degradación en «círculo vicioso, ni siquiera a uno permisible», puesto que yace en el mismo «una posibilidad positiva del conocimiento más originario», habida cuenta únicamente comprendemos «realmente cuando la interpretación ha comprendido que su tarea primera, última y constante, consiste en no dejarse imponer nunca por ocurrencias propias o por conceptos populares, ni la posición, ni la previsión ni la anticipación, sino en asegurar la elaboración del tema científico desde la cosa misma»[265]; siendo por tanto la realización controlada de esa fusión a la que se le ha dado frecuentemente el nombre de «tarea de la conciencia histórico-efectual».

263 Como refiere la breve premisa contenida en el importante volumen de Karl LÖWITH *Mearing in History. The Theological Implications of the Philosophy of History*, Chicago, The University of Chicago Press, 1949, recientemente publicado en italiano con el título *Significato e fine della storia. I presupposti teologici della filosofia della storia*, Milano, Il Saggiatore Tascabili, 2010, que es la versión por nosotros consultada, texto que tiene la pretensión de responder a una cuestión abordada por medio de un escrito suyo precedente: *Von Hegel zu Nietzsche*.

264 Hans-Georg GADAMER, *Verdad y Método…*, *op. cit.*, p. 46.

265 Hans-Georg GADAMER, *Verdad y Método…*, *op. cit.*, p. 302.

En efecto, debido a las exigencias provenientes del Estado de Derecho y de la Democracia real, a su favor muestra en todo momento preocupación y compromiso la *Teoría Estructurante del Derecho*, actuante de este modo siempre al servicio de la protección de los Derechos Fundamentales y de la nivelación social en el seno de la Comunidad política en constante autoformación, a través de la producción de auténticas decisiones existenciales[266]. En toda circunstancia respectivamente para la totalidad de los casos en proceso de construcción dentro del ámbito contingente de la vida y en toda coyuntura desde la premisa que exige la participación del Pueblo en todo tipo de asuntos, designa su actuar el *proceso estructurante* a partir de datos vehiculados por el lenguaje y observados por el aplicador del Derecho, sin desconsiderar evidentemente sino situando en pié de igualdad los datos reales relevantes para el caso, a efectos de no convertir al jurista en un mero filólogo ceñido exclusivamente al ideal contemplativo del texto pero desvinculado de la *applicatio*[267]; aunque, desde

[266] Probablemente, uno de los supremos «adivinos» de la futuridad sociopolítica haya sido Soren KIERKEGAARD, al prever que el mundo postmoderno occidental caminaba inevitablemente hacia la nivelación social, de una parte, y contrariamente, de otra, hacia la definitiva exaltación del individuo y de los grupos singularizados, puede verse entre otras obras del filósofo existencialista: *La época moderna*, Santiago de Chile, Editorial Universitaria, 2001; además de Friedrich NIETZSCHE, naturalmente, del que baste recordar ahora su manifestación acerca del desasosiego que produciría en el futuro la crisis de la metafísica judeo-cristiana, a la que no perseguía suprimir sino superar.

[267] Esta era la pretensión de Rudolf CARNAP al articular su defensa del positivismo exegético, reductor del problema de la interpretación jurídica a la ramplona realización de un análisis que, en los términos propuestos, podríamos llamar sintáctico, y seguidamente la simple determinación rigurosa de la conexión lógica de los signos que componen la Ley lo que considera lo suficiente para resolver el problema de la aplicación del Derecho, *Der logische Aufbau der Welt*, Hamburg, Felix Meiner, 1961. Postura que criticaran, por todos, Oswald SPENGLER en su toma de postura ante la contradicción que denotaba entre la vida del tiempo histórico y la concepción jurídica, *La decadencia..., op. cit.*, idea para la que puede verse el «Prólogo» de la obra; o el mismo Hans-Georg GADAMER, por medio de la equiparación que propone de la *applicatio* con la *intellectio*, *Verdad y Método..., op. cit.*, pp. 413-414.

luego, conocimientos de tal materia ha de tener, pero resultan sin embargo ineficaces al objeto de percibir lo tácito contenido en los mismos y que es preciso develar. De este modo, se acoge por la *metódica estructurante* planteamientos bien resumidos por Dietrich Busse, en el sentido de aceptar que toda vez tanto las lenguas como los ordenamientos jurídicos siguen sistemas normativos, ello hace que las cuestiones esenciales planteadas sean similares y, en consecuencia, la reflexión teórica y metadiscursiva llevada a cabo desde la semántica jurídica está relacionada, en ambos aspectos, con la semántica de textos de la lingüística general, si bien, la Ciencia jurídica necesitará proseguir de continúo elaborando y determinando las convergencias y divergencias entre las estructures jurídicas y las lingüísticas generales[268].

Recordemos que la actitud hacia, implica tomar posición, presupone actuar, e interviene como factor real constitutivo de la situación, vale decir, en nuestro caso de la decisión, por lo que el lenguaje no es mero instrumento como sostiene la equívoca concepción lockeana del mismo[269], antes bien, opera a modo de factor constitutivo esencial de la decisión «construida/pensada»[270], sin olvidar que la propia esencia del lenguaje [*Wesen der Sprache*] «no puede ser nada lingüístico»[271]. Único modo posible de legitimar el papel de los jueces como agentes fundamentales a largo de ese proceso de praxis jurídica, en cuyo transcurso la estructura del problema del caso a ser solucionado o del tipo de caso es tratada como factor perteneciente e indispensable de la aplica-

[268] Dietrich BUSSE, *Juristische Semantik..., op. cit.*; y luego, por ejemplo, Rainer ARNTZ, «Rechtsvergleichung und kontrastive Terminologiearbeit: Möglichkeiten und Grenzen interdisziplinären Arbeitens», en: *Übersetzen von Rechtstexten*, ed. de Peter Sandrini, Tübingen, Günter Narr, 1999, pp. 101 y ss.

[269] John LOCKE, *Ensayo sobre el entendimiento humano*, Madrid, Biblioteca Nacional, 1980.

[270] Wilhelm VON HUMBOLDT, *Sobre la diversidad de la estructura del lenguaje humano y su influencia sobre el desarrollo espiritual de la humanidad*, Barcelona, Antropos, 1990.

[271] Martin HEIDEGGER, *Unterwegs zur Sprache..., op. cit.*, p. 114.

ción jurídica, como factor co-constitutivo de referencia para la construcción de la Norma jurídica, y no en cuanto punto de orientación en última instancia –aunque sea de carácter decisivo– en orden al momento de la aplicación normativa; operación a realizar por el trabajador del Derecho con la finalidad del cumplimiento de fines sintetizados por la idea de bien común y servicio de intereses colectivos[272], e implica, contrariamente, el rechazo frontal de su empleo al servicio de cualquier tipo de fines anticomunitarios [*zu gemeinschaftswidrigen Zwecken*]. Pero, por añadidura aún, la tarea de *concretización* no afecta solamente a los jueces y tribunales, normalmente los partícipes operacionales por antonomasia en ese proceso[273], comprende asimismo al conjunto de actores legitimados por la Constitución y que legitiman a su vez el proceso de decisión mediante la actuación del «Pueblo» como *actuante realmente activo* e *instancia global de atribución de legitimidad*[274], dada la necesidad de amparar la participación de todos en los procesos socio-políticos como forma de hacer cumplir la pretensión de legitimidad caracterizante de la gobernabilidad democrática y social, a veces –frecuentemente– difuminada por la constatación de la heterogeneidad del Pueblo. Porque la fragmentada y fragmentaria Sociedad civil postmoderna –incluso antes, claro está– caracterizada entre otras notas peculiares por la «interactuación Estado-sociedad y la interpenetración de lo

[272] Clásico para la comprensión del Derecho al servicio del cumplimiento de fines en el contexto de una Sociedad conflictual en la que surge espontáneamente el orden social que se realizará posteriormente por medio del derecho objetivo, el planteamiento de Rudolf von Ihering de la época madura y su concepción voluntarista del Derecho, aspectos subrayados por José-Luis MONEREO PÉREZ en el «Estudio preliminar» al libro: *El fin del Derecho*, 2ª ed., Granada, Comares, 2011, p. IX.

[273] Conforme Luigi FERRAJOLI aclarara hace ya decenios, la «interpretación» judicial sería «una subespecie, aunque privilegiada, de aquella que se denomina "interpretación operativa"», «Interpretazione doctrinale e interpretazione operativa», en: *Rivista internazionale di filosofia del diritto*, núm. 63, 1966, p. 292.

[274] Friedrich MÜLLER, *Wer ist das Volk? ...*, *op. cit.*, p. 29.

público y lo privado»[275], se ha configurado de conformidad a realizaciones completamente divergentes e insospechadas para sus teóricos clásicos, puesto que los planes smithianos y fisiocráticos preveían un idílico espacio social unitario de comerciantes –todos sus integrantes lo serían– y en el que estuviera ausente la fragmentación social.

Pero esta compleja pluralidad, lejos de arredrarnos, estimula, porque como señala José-Joaquim Gomes Canotilho, aceptando es evidente la idea de Friedrich Müller de que el democrático «concepto de Pueblo» no es un concepto unívoco sino plurívoco, semejante concepción moderna de Pueblo propia de las democracias actuales, presenta en su contenido la grandeza pluralista propia de una heterogeneidad de fuerzas culturales, sociales y políticas, tales como partidos, grupos, iglesias, asociaciones, personalidades, influyendo decisivamente en la formación de opiniones, voluntades o sensibilidades políticas, compatibles con el sentimiento de pertenencia a un determinado Estado, posiciones que hay que estar dispuestos a asumir e integrar[276]. En este sentido ha de comprenderse y vivirse la idea bien intuida por *Alexander Hollerbach* de la función integradora a desarrollar en importante medida por la Constitución abierta a la *concretización*, comprendida como orden y punto de referencia global e integrador de cada coyuntura histórica y comunicativa de vida social y acción[277].

4.4. Normatividad y legitimidad material-estructurante a través de la lingüisticidad

El Derecho solo puede obtener la obligatoriedad, la real normatividad, de su legitimidad material, que forzo-

[275] Para expresarlo en términos de la STC 18/1984, de 7 de febrero, entre otras; setencia que asimismo reconoce el carácter informador que tiene el principio estructural del Estado social para todo tipo de decisión jurídica.

[276] José-Joaquim GOMES CANOTILHO, *Direito constitucional e teoria da constituição*, 5ª ed., Coimbra, Almedina, 2002, p. 75.

[277] Alexander HOLLERBACH, «Ideologie und Verfassung», en: *op. cit.*, pp. 37 y ss.

samente ha de ser dinámica y concreta. Por eso se ha rechazado por muy diversos autores la concepción de legitimidad democrática de la Constitución positiva atrapada en un pretendido carácter estático por su propia naturaleza, como es la fuertemente ideologizada concepción irracional-vitalista schmittiana y que el autor postula por oposición a legitimidad dinámica[278], que es la verdaderamente democrática entendida como estructura procesual[279]. En consecuencia, esa legitimidad material se origina, a su vez, durante el transcurso de un *proceso jurídico estructurante-concreto*, abierto, público y orientado a la justicia, propio de un Estado democrático de derecho, expresado naturalmente en términos lingüísticos e integrado por una multiplicidad de específicas decisiones que ciertamente van dejando sedimento semántico –y, ante todo, también político-social– a actualizar en cada acto de decisión[280]. Por supuesto, ello conlleva y consolida la confrontación lingüístico-argumentativa sobre el contenido concreto de las normas aplicables en la Sociedad de sujetos de Derecho libres que, respondiendo al carácter de la sociabilidad propia del hombre moderno, se integran en una multipli-

---

[278] Esta construcción de amplio eco en tiempos pasados puede verse en Carl SCHMITT, *Teoría de la Constitución*, Madrid, Alianza, 1982, pp. 104 y ss; naturalmente, congruente con su dicotomía: Constitución en sentido ideal-típico, y sus expresiones derivadas que son la Ley constitucional y el Poder constituyente, los cuales considera mucho más congruentes con la realidad en términos que se han calificado de diagnóstico y prognosis, reflejo de la influencia que recibiera en esta cuestión y en varias otras a través de Ernst Jünger; pero que, realmente, como bien expresa Friedrich MÜLLER, el fruto arrojado por su decisionismo escondido bajo el principio de unidad de la Constitución como reflejo de «la totalidad de la unidad política», termina por dar en tierra «con toda normatividad positiva», y emplea la idea de totalidad «como fuente de argumentos» al servicio de «un poder estatal ilimitado y a su ejercicio sin trabas», *Métodos de trabajo…*, *op. cit.*, p. 283.

[279] Por todos Friedrich MÜLLER, *Essais zur Théorie von Recht von Recht und Verfassung...*, *op. cit.*, pp. 149 y ss, entre otros momentos.

[280] Nos apoyamos para ello en las autorizadas reflexiones de Paul RICOEUR, entre otras de sus obras, remitimos ahora a *Lectures I…*, *op. cit.*, *passim*.

cidad de grupos sociales una vez adquieren consciencia de sus intereses –con frecuencia radicalmente diferentes–, los cuales son introducidos en el proceso político a través del esfuerzo derrochado en el curso de luchas políticas prolongadas que han permitido el progreso histórico bajo la organización política actual establecida mediante el tipo histórico de Estado social orientado a la realización de un orden social material-igualitario y justo[281]. Y proceso que, por lo tocante a la institucionalización grupal, de forma expresa y textual acoge, podemos recordar, el Tratado de Lisboa en su artículo 11, punto 2, cuyo texto de Norma refleja: «Las instituciones mantendrán un diálogo abierto, transparente y regular con las asociaciones representativas y la sociedad civil»; reflejo de la importancia creciente asumida por la organización social-grupal del presente a través de la intervención de los grupos de interés integrados en el proceso de adopción de decisiones, lo que postula un «método abierto de coordinación»[282].

Encarecerá entonces Friedrich Müller, cómo en virtud de la expansión irrestricta producto de la lucha sociopolítica, el concepto de Pueblo «activo» cambia permanentemente, adopta nuevas perspectivas y complejidades al tiempo que se amplía cada vez en superior medida conforme a los términos de la primera acepción del mismo propuesta por el autor[283], ante lo que se plantea el combate semántico en torno a esta ampliación de significados, porque los grupos inicialmente excluidos fuerzan su inclusión en términos jurídicos, y producen al término del proceso el Pueblo –que entre las condiciones políticas tiene la fundamental de soberano– reencontrándose idéntico consigo

---

[281] Por todos, en este sentido, Hans F. ZACHER, «Verrechtlichung im Bereich des Sozialrechts», en: *Verrechtlichung von Wirtschaft, Arbeit und sozialer Solidarität*, ed. de Friedrich Kübler, Baden-Baden, Nomos, 1984, pp. 11 y ss.

[282] Sabrina REGENT, «The Open Method of Coordination: A new Supranational Form of Governance?», en: *European Law Journal*, Vol. 9, 2003, pp. 190 y ss.

[283] Friedrich MÜLLER, *Wer ist das Volk? ...*, *op. cit.*, pp. 23 y ss.

mismo en cada momento concreto como Comunidad responsiva de la idea fundamental de la Democracia[284].

En este sentido, ha podido sostenerse que toda actividad normativa puesta en práctica por el titular del poder constituyente únicamente adquiere legitimidad si responde a los anhelos y aspiraciones del Pueblo en su condición de depositario de la soberanía, de su voluntad de poder operante en lo real. Por lo que cualquier producción normativa o mudanza del orden jurídico fundamental consiste en una actividad sometida y subordinada a las exigencias de carácter compensatorio inherentes al bien común[285], a la voluntad de la Sociedad que el poder constituyente representa encarnando los sistemas de valores morales, éticos y culturales, en permanente apertura, de la misma multitud o colectividad social erigida en Comunidad política; entendida propiamente, a nuestro modo de ver, más en el sentido hegeliano evolucionado en lugar del proveniente de tesis roussonianas o kantianas. En ello consiste la manifestación originaria y prolongada, en la temporalidad de la soberanía de todo un Pueblo expresión de esa voluntad general. Bases y sentido desde los que se puede aceptar la tesis expuesta por Ernst-Wolfgang Böckenförde al afirmar que el concepto de poder constituyente del Pueblo es, tanto por su origen como por su contenido, el despliegue de una proyección auténticamente democrática y revolucionaria como propulsa la teoría constitucional democrática y, en definitiva, al mismo tiempo mito fundante y núcleo dogmático de la democracia[286]. De su trama de conciencia social que así «ocurre» porque «es» y adquiere «significatividad» [*Bedeutsamkeit*], o sencillamente «existencia» histórico-concreta cual modo de evitar que todo esté teo-

[284] Friedrich MÜLLER, *Wer ist das Volk? ..., op. cit.*, p. 24.

[285] Werner MAIHOFER, «Ideologie und Recht», en: *Ideologie und Recht*, ed. de Werner Maihofer, Frankfurt am Main, Vittorio Klostermann, 1969, pp. 9 y ss.

[286] Ernst-Wolfgang BÖCKENFÖRDE, *Staat, Verfassung, Demokratie. Studien zur Verfassungstheorie und zum Verfassungsrecht*, Frankfurt am Main, Suhrkamp, 1991, pp. 11 y ss.

logalmente predecidido por la élite política que actúa en el momento constituyente[287], y luego por los turnantes «partidos de integración» que buscan únicamente la «aclamación» a costa de mantener la minoría de edad política del ciudadano[288], reductora del ámbito del Pueblo activo. A tal fin, algunos autores han propuesto el reconocimiento como necesidad apremiante del constitucionalismo democrático la de admitir, al lado del poder constituyente originario, la presencia y existencia de un poder constituyente difuso tan real como el primero y ejercido con carácter permanente aunque no se halle consagrado jurídicamente mediante procedimiento alguno, sin el cual, el texto constitucional positivo de carácter oficial y visible, únicamente tendría el valor del mero registro de archivos[289].

La política desarrollada con ocasión del acto constituyente democrático, puede verse como la autoinstitución explícita de la Sociedad, a través de la cual, los ciudadanos son llamados a construir su identidad constitucional y a decidir las cuestiones materiales centrales así como los procedimientos supremos que regularán su participación en la vida política y social[290]. Por consiguiente, el contenido político-

---

[287] Cristiane ROZICKI, «Alguns aspectos da legitimidade normativa de um poder constituinte», en *Jus Navigandi*, Teresina, año 4, n. 36, nov. 1999, disponible en: http://jus2.uol.com.br/doutrina/texto; y en términos similares entre nosotros se pronuncia tanto Pedro DE VEGA GARCÍA, *La reforma de la Constitución y la problemática del poder constituyente*, Madrid, Tecnos, 1985, varias ediciones, 2011, *passim*, como el comentario de esta última obra de José-Juan GONZÁLEZ ENCINAR, «La Constitución y su reforma. A propósito del libro de Pedro de Vega: La reforma constitucional y la problemática del poder constituyente», en: *Revista Española de Derecho* Constitucional, núm. 17, 1985, pp. 345 y ss.

[288] De conformidad con lo diagnosticado ya en 1962 por Jürgen HABERMAS, *Historia y crítica de la opinión pública*, Barcelona, Gustavo Gili, 2004.

[289] Georges BURDEAU, *Traité de Science Politique. Etat libéral et les techniques politiques de la démocratie gouvernée*, Vol. IV, Paris, LGDJ, 1953.

[290] A tenor de la explicación ofrecida por Sheldon S. WOLIN, «Transgression, Equality, and Voice», en: *Demokratia: A Conversation on Democracies Ancient and Modern*, ed. de Josiah Ober y Charles W. Hedrick, Princeton, Princeton University Press, 1996, pp. 63 y ss.

normativo del poder constituyente es inclusivo de participación y no de mera representación –lo cual, con todo, no postula la Democracia como identidad entre gobernados y gobernantes– en cuanto exige que *los que sean sujetos y luego destinatarios de un orden constitucional lo co-instituyan* inicial y permanentemente. En consecuencia, ese orden no se constituye de una vez y para siempre por el mero acto que otorga validez positiva al documento constitucional, más bien postula la condición de que participen todos sus posibles destinatarios en su génesis de *concretización* permanente y dinámica; pero esto es algo distinto de la protección del proceso de creación democrática y la comprensión procedimental de la Constitución de corte habermasiana, toda vez la *concretización* constitucional integra siempre valores sustanciales. Porque, si el principio democrático es entendido en coordenadas de mera representación después de producido el inicial acto constituyente, sigue manteniendo actualidad y hay que concluir otorgando la razón a Jean-Jacques Rousseau, respecto de la necesidad de superar las barreas que establecen los sistemas representativos parcialmente lesivos del principio de soberanía popular en cuanto la voluntad general es inalienable y no delegable, como expresa por ejemplo en su *Du Contrat Social ou Principes du droit politique*, donde sostiene, pues, que la voluntad no se representa, y además, una vez transferida al representante la voluntad que exprese este ya no es realmente la propia del soberano popular, dado que los parlamentarios elegidos por el Pueblo no serán sus representantes sino, en todo caso, sus comisarios, que nada podrían decidir al margen de la comisión encomendada y sin la ratificación del Pueblo[291]. Naturalmente ni siquiera el avance que supuso colocar la voluntad general y abstracta por encima de la voluntad concreta de los hombres iba a cerrar la cuestión, problema cuya

[291] A diferencia de lo postulado por Carl SCHMITT, *Teoría de la Constitución…*, *op. cit.*, p. 230. Y no vaya a creerse que tan distante anduvo del último en este punto Hans KELSEN: «Democracia significa identidad de dirigentes y dirigidos, de sujeto y objeto del poder del Estado», *Esencia y Valor de la Democracia*, 2ª ed., Madrid, Guadarrama, 1977, p. 30.

solución concreta comparaba honestamente Jean-Jacques Rousseau a la cuadratura del círculo geométrico, a fin de evitar un poder político sin titular real legítimo[292].

En todo caso, a partir de la actuación inicial del poder constituyente en su condición de órgano extraordinario, y concebido «como el poder político fundamental que en un momento dado representa los valores esenciales de una comunidad nacional»[293], un texto constitucional escrito es asimismo inexorablemente incompleto desde el punto de vista textual y sujeto a múltiples interpretaciones todas ellas plausibles *a priori,* y la Constitución misma como realidad concretizada si bien tiene por función el establecimiento de condiciones normativas al ejercicio del poder político, se convierte también ella misma en objeto de la propia política e instrumento normativo generador de normalidad en el desarrollo de la actividad político-social[294]. Y la identidad constitucional que es producto de un proceso dinámico, surge como algo complejo, problemático e incompleto, dada la posibilidad en todo momento de ser interpretada-construida y reconstruida, resultando que, del mismo modo, la materia constitucional se encuentra incompleta y siempre susceptible de mayor definición[295].

Téngase presente que el mismo texto constitucional positivo emerge siempre inicialmente incompleto –de ahí la permanente necesidad de proceder a su *concretización*–, no solamente por mostrarse incapaz de abarcar todas las materias que debería idealmente contemplar sino porque, además, tampoco se halla en condiciones de abordar o atender exhaustivamente a la totalidad de las cuestiones concebibles y susceptibles de ser

[292] Como bien ha recordado Fábio-Kóder COMPARATO, «Por que não a soberanía dos pobres?», en: *Constituinte e Democracia no Brasil hoje*, ed. de Emir Sader, São Paulo, Brasiliense, 1985, p. 99.

[293] Jorge CARPIZO, «La interpretación constitucional en México», en: *Boletín Mexicano de Derecho Comparado*, México, UNAM-Instituto de Investigaciones Jurídicas, núm. 12, 1971, pp. 386 y ss.

[294] Por todos Dieter GRIMM, *Die Zukunft der Verfassung*, Frankfurt am Main, Suhrkamp, 1991, pp. 41 y ss.

[295] Michel ROSENFELD, *A identidade do sujeito constitucional*, Belo Horizonte, Mandamentos, 2003, pp. 18 y ss.

planteadas a partir de las materias que acoge como si de un lenguaje matemático se tratara[296]. Aunque solo fuera a causa de lo inefable del lenguaje incapaz por naturaleza en cualquier lengua –jurídica, ahora– de fijar significados absolutamente unívocos de «verdad»[297], con independencia de sus mejores o inferiores características expresivas[298], en ocasiones ambiguo, siempre impreciso, y al que no le resulta factible decir lo que va quedando no dicho al margen de las pretensiones del hablante y con independencia de su indudable carga significativa[299]. Incluso cuando es excepcionalmente preciso, como insistiera Josef Esser, semejante característica no tiene por qué arrojar concreción, puesto que para la *Teoría Estructurante del Derecho* precisión en modo alguno significa ni puede concreción, aunque entendemos es lo que resulta obligado asumir desde cualquier perspectiva normativa que se adopte y para todo hablante de lenguaje normativo. En fin, sin dejar de mencionar la contingencia de la condición humana y la propia tendencia del ser humano a trascender los límites del lenguaje, como reconociera en 1929 el mismo Ludwig-Josef-Johann Wittgenstein[300]. Por no remontarnos a Aristóteles quien, en polémica con su maestro, mantuviera la capacidad de los sentidos al objeto de

---

[296] Pues como bien explicara Karl LÖWITH, únicamente el lenguaje de la matemática «puede permitirse permanecer dentro de sí mismo», *Paul Valéry. Rasgos centrales de su pensamiento filosófico*, Madrid, Katz editores, 2009, p. 69.

[297] Desde la realidad existente en cuanto sí misma, la verdad es una relación de inteligencia humana con lo real, para Alfred North WHITEHEAD, *Aventura de las ideas*, Buenos Aires, Compañía Fabril, 1961, pp. 251 y ss.

[298] Idea frecuentemente expresada por Friedrich MÜLLER, puede verse repetida en diversos momentos en su aludida reciente obra *Syntagma. Verfasstes Recht, verfasste Gesellschaft, verfasste Sprache im Horizont von Zeit*, Berlin,Duncker & Humblot, 2012.

[299] Hans-Georg GADAMER, «Sprache und Verstehen», en: *Gesammelte Werke*, Bd. II, Tübingen, Mohr Siebeck, 1986/1993, pp. 184 y ss.

[300] La obra *Varieties of Religious Experience* viene siendo considerado el libro de Willian James que probablemente orienta hacia el pragmatismo a Ludwig-Josef-Johann WITTGENSTEIN en sus últimos estadios de evolución, aunque paradójicamente tal pragmatismo le conduce al reconocimiento sí de la tendencia humana a trascender el lenguaje, pero también a dejar de ocuparse de lo que trasciende tales límites.

proporcionarnos un conocimiento correcto y sin engaños, por cuanto los sentidos no yerran sino que el error únicamente se instaura en el pensar[301].

A mayor abundamiento, apelaría por ejemplo Karl Jaspers a la imprescindibilidad de la empatía para captar síntomas subjetivos que no se pueden percibir a través de los órganos de los sentidos, sino solo tratando de identificarse tanto como sea posible con la mente del sujeto en cuestión[302]. Todo lo cual, llevaría a Paul Ricoeur a expresar el lamento y la consiguiente necesidad de búsqueda de «una gran filosofía del lenguaje» capaz de dar «cuenta de las múltiples funciones del significar humano y de sus relaciones mutuas»[303], aun reconociendo que la experiencia no es reconducible en su totalidad a un hecho expresado mediante signos, y todo ello sin silenciar el peligro que siempre acecha debido a la fácil tentación de su empleo en términos de superestructura; porque, evidentemente, la «llana descripción de lo dado inmediatamente a nuestra conciencia», es algo necesario, pero como bien observara Martin Heidegger, la teoría de cualquier Ciencia es algo distinto y naturalmente de superior complejidad[304]. En fin, por todos aparece claramente en Wilhelm Dilthey el sentido de la ahora denominada contextualidad del signi-

---

[301] Sintetiza Eduard-Gottlob ZELLER, *Grundriss der Geschichte der Griechischen Philosophie*, Reimpresión de la 6ª ed. (de 1919), Darmstadt, Nabu Press, 2006, pp. 197 y ss.

[302] Karl JASPERS, *Filosofia de la existencia*, Madrid, Aguilar, 1968, p. 1313.

[303] Paul RICOEUR, *De L`interpretation. Essai sur Freud*, Paris, Du Seuil, 1965, p. 13. E incluso el ortodoxo positivista Herbert-Lionel-Adolphus HART expuso las deficiencias del lenguaje humano en general, por su falta de precisión, y de modo particular del lenguaje jurídico, pues considera salta evidente la generalidad, abstración y textura abierta de este último –y de las reglas sociales en general–, debido a dos esenciales razones: a) las reglas jurídicas, salvo excepción, no están dirigidas a personas o cosas particulares, sino a determinadas clases de personas o cosas; b) la reglas jurídicas permanecen vigentes durante períodos largos, aplicándose a situaciones no previstas en el momento de su elaboración.

[304] Martin HEIDEGGER, a modo de ejemplo *Aus der Erfahrung des Denkens*, Pfullingen, Neske, 1965.

ficado, ya que no puede pasarnos inadvertido la existencia de cuestiones que han de extraerse fuera del lenguaje y de imposible explicación al margen de que resulte susceptible el acceso a su comprensión[305], lo cual es, en efecto, otra de las notas que el lenguaje jurídico comparte con el lenguaje natural del que por añadidura es obvio forma parte, así como ambos forman parte integrante de la correspondiente cultura; y es en este contexto donde se generan los delicados problemas semánticos y sintácticos[306], comenzando por la aceptación de que no hay texto de Norma alguno cuya semántica permanezca estable en cuanto forma parte de la lengua siendo esta por esencia dinámica, y por añadidura la sintaxis, aunque lentamente, evoluciona.

4.5. Comprensión-concretizante-creadora en el lenguaje que permite el dejar tener normativo

Comprensión-concretizante-creadora cual modo de ser actuante jurídicamente, por demás, que se realiza en cada lengua, de la que puede afirmarse que está en condiciones de decir lo quiere aún sin decirlo todo, puesto que otorgamos superior credibilidad al Martin Heidegger posterior a *El ser y el tiempo* –toda vez en esta obra el lenguaje viene a entenderse como la articulación de la capacidad de comprender– y su idea total del lenguaje frente a la concepción parcial y analítica esgrimida por Ludwig-Josef-Johann Wittgenstein. En el sentido con ello de admitir presumiblemente la posibilidad de experiencias del pensamiento fuera del lenguaje que por ello ni es perspec-

[305] Así, puede seguirse en Christofer ZÖCKLER, *Dilthey und die Hermeneutik: Diltheys Begründung der Hermeneutik als Parxiswissenschaft und die Geschichte ihrer Rezeption*, Stuttgart, J. B. Metzlersche Verlagsbuchhandlung, 1975.

[306] A lo que se refiere Giovanni TARELLO, *L` interpretazione della legge*, Milano, Giuffré, 1980, pp. 117 y ss, identificado el contexto con el conjunto de condiciones sociales e históricas en las que se desarrolla el proceso interpretativo.

tiva científico-técnica un medio de carácter universal ni un «agente» intermedio entre mente y mundo, pues el pensar logrado en tales confines quizá no sea susceptible de expresarse por medio de la acción del mismo, al menos, de inmediato –baste recordar la hoy comúnmente aceptada expresión del silencio–. Porque esto es algo distinto de la propuesta realizada por la teoría apriorística del lenguaje de Ludwig-Josef-Johann Wittgenstein y recogida por el *Tractatus Logico-philosophicus*, con la que inicialmente manifestó haber resuelto todos los problemas filosóficos importantes, y, de acuerdo a la cual, cosas tan importantes como el significado de la vida, los valores morales o los estéticos, pueden mostrarse pero no decirse, pues trascienden tanto al lenguaje como al propio mundo y carecen de significado; pero, al margen de nuestro rechazo global, si se dice carecen de significado, ello es inexacto, porque tienen ya el de la propia carencia de tal correspondiente en cada caso.

En efecto, «la mundaneidad» [*Weltlichkeit*] caracterizante de «cualquier mundo» nunca se comprende por completo, ni «mucho menos se pone a la vista ni se explica» en su totalidad intramundana, de conformidad a lo sostenido conscientemente por Martín Heidegger en su conceptualidad de carácter antinatural y existenciaria del mundo y el correspondiente rechazo de la conciencia natural para la comprensión de lo social[307]; a cuya idea, a la idea, el lenguaje está ordenado y subordinado por tanto, vale decir, al conocimiento noético de las ideas que comparecen el trato de la producción y el uso de lo producido[308]. De manera similar el propio Frege, tal como ha interpretado Rüdiger Bubner, se interrogó acerca de la presencia de un autónomo

[307] Según entiende Gianni VATTIMO, *Essere, storia e linguaggio in Heidegger*, Torino, Edizioni di Filosofia, 1963; y, en fin, no olvidemos que el propio Martín Heidegger se interrogaría si en el pensar aparece algo que este mismo pensar ya no es capaz de pensar, y cuyo sentido último podemos sin embargo llegar a desconocer.

[308] Hans-Georg GADAMER, *Verdad y Método…*, *op. cit.*, p. 490.

«tercer reino» de pensamiento al lado de las esferas física y psíquica, si bien este abarcaría a todo lo objetivo pero no lo espacial-temporal, no solo los sentidos en general –entre ellos los pensamientos, los sentidos completos–, sino también los cursos de valores, extensiones de conceptos, o valores de verdad en el punto de mira [*Blickstand*][309].

Ahora bien, como hemos apuntado, la admisión de que nuestro lenguaje verdaderamente es incapaz de reflejar con exactitud la mundaneidad de cualquier mundo o ámbito de la realidad social, dicho con otras palabras, ello no constituye presupuesto de legitimidad alguno para introducir arbitrariamente nuevas modalidades lingüísticas que estarían en condiciones de explicarlo[310], pues, además de la nueva ingenuidad de semejante planteamiento, sigue resultando difícil conciliar la eficacia con «la responsabilidad estética y moral que existe en cada uso del lenguaje»[311]; y aunque hallamos ciertamente un «mundo jurídico» dotado de parcial peculiar terminología que deja traslucir las exigencias con las que está comprometido, cada caso se expresa en la experiencia mediante la que se mide, por lo que no todos hablamos de lo mismo al margen de lo fáctico diferente de cada hipótesis. De cualquier modo, estamos obligados de continuo a la reinterpretación de las estructuras existentes, en nuestro caso, vale decir en sentido propio, a la *concretización* de lo que se persigue decir –para decidir– proseguida en el tiempo.

Adicionalmente, en la medida que las dificultades lingüísticas esbozadas se agudizan en el trabajo jurídico por causa del complejo aparato léxico y semántico más o

309 Rüdiger BUBNER, *Dialektik alsTopik. Bausteine zu einer lebensweltlichen Theorie der Rationalität*, Frankfurt am Main, Suhrkamp,1990.

310 Por todos en este sentido, con la profundidad teórica habitual en el autor, Friedrich-Wilhelm NIETZSCHE, entre otras obras, puede verse al efecto el tercer tratado de *Genealogía de la Moral*, Madrid, Alianza Editorial, 1996.

311 Para recoger la idea de Martin HEIDEGGER, *Unterwegs zur Sprache...*, *op. cit.*, en diversos momentos, obra donde se recuerda la importancia y carga significativa del «simplemente silencio del silencio».

menos escondido bajo la jerga de la autenticidad, estima también Friedrich Müller, sea debido a la propia esencia última del lenguaje[312], sea resultado de la trascendencia social de las decisiones adoptadas[313], en verdad, debemos asumir que el Derecho se refiere a la vida humana societaria en cuanto vida histórica transida de hechos reales, auténtica piedra clave para su comprensión, y que, por demás, la misma tiene una parte de vida espiritual, si bien su totalidad no se circunscriba evidentemente a esta última; en todo caso, los hechos históricos efectuales han estado en el tiempo, pudiendo y debiendo ser pensados de nuevo, con lo que han de venir al tiempo actual proyectando entonces su manifestabilidad cuando se traen. Evidentemente, resulta incluso de superior dificultad, ciertamente, pensar lo que aún no está en el tiempo, aunque se pueda vaticinar sobre la futuridad del devenir que llegará o no a adquirir temporalidad. E, incluso, en razón de la incompletud susodicha por naturaleza del texto constitucional que este fácilmente atestigua [*bezeugen*], si se pretende llegar a tener entre manos cierta función de orden normativo, las constituciones deben permanecer abiertas a la *concretización* constitucional de aquello por así decirlo de lo cual sea preciso, y en la mayoría de las veces –casi siempre– significa estar abiertas a las comprensiones conflictuantes que parezcan igualmente defendibles, cuya aprehensión [*Auffassung*] e inteligibilidad se han de procurar en términos correctos –accesibilidad–[314], pero sin conformarse claro está con el acceso a lo más inmediato, porque, en

[312] Esa realidad enigmática, inefable, sostiene el segundo Martin Heidegger, que en su juego de sombras y luces hace entrever la apertura iluminante de la *Lichtung*, tal como señala en la comprensión del primero Leonardo AMOROSO, *Lichtung. Leggere Heidegger*, Torino, Rosenberg & Sellier, 1993, pp. 206 y ss.

[313] Friedrich MÜLLER, *Recht, Sprache, Gewalt...*, *op. cit.*, *passim*; en parecidos términos acerca de las trascendentales implicaciones socio-políticas que comporta la aplicación/interpretación del Derecho, Jerzy WROBLEWSKI, *Sentido y hecho en el Derecho*, San Sebastián, UPV, 1989, p. 79.

[314] Michel ROSENFELD, *A identidade...*, *op. cit.*, pp. 18 y ss.

semejante caso, una vez dejen de traslucir la «evolución del sentir social», es el propio texto de Constitución el que antes o después evidenciará la carencia de arraigo social[315].

A partir del hecho de no-ocultamiento, de ese dejar que tenga lugar, se sigue que en el marco descrito, delimitador de un ámbito problemático, después de todo va a ser ostensiblemente la propia Comunidad política, o dicho de otro modo, el Pueblo en cuanto encarnación de la Sociedad política[316], la encargada de fijar lingüísticamente –el Pueblo legitimante[317]– el límite intrínseco de innovación semántica de las soluciones intentadas a lo largo del transcurso de una procesualidad progresiva de la que es necesario «darse cuenta», porque estamos –somos– actuantes en la medida que la existencia es diálogo en muy importante medida –y este horizonte existencial– desenvuelto de conformidad con las correspondientes coordenadas espacio-temporales que dan lugar al «lenguaje del destino colectivo» según la conocida expresión pronunciada de nuevo por Martin Heidegger, para quien lo determinante va a consistir en abordar el lenguaje desde la estructura ontológica del habla[318]. Situados en tales términos, y considerando el carácter originario del lenguaje que está palmariamente vinculado también a su capacidad de dar vida a nuevas articulaciones de palabras, tal como Martin Heidegger demostrara en grado sumo a través de sus creadoras formulaciones lingüísticas –pero nunca puede llegarse a cotas apodícticas, aunque solo sea porque no logrará ser tan versátil como la Realidad que nos rodea–, ante todo, siempre es preciso por añadidura la observación perceptiva y la receptibilidad del

[315] En tal sentido, se manifiesta Remedio SÁNCHEZ FERRIZ, «Veinte años de Derechos Fundamentales», en: *Anuario Jurídico de La Rioja*, núm. 4, 1998, especialmente, p.196.

[316] Esto es, una Sociedad que se reconoce, conforme expresa Carlos-Ayres BRITTO, «como la subjetivación de un poder situado por encima del Derecho y del Estado, que solo puede ser un poder exclusivamente político», *Teoria da Constituição*, Rio de Janeiro, Forense, 2003, p. 49.

[317] Friedrich MÜLLER, *Wer ist das Volk? ...*, *op. cit.*, pp. 7 y ss.

[318] Martin HEIDEGGER, *Sein und Zeit...*, *op. cit.*, pp. 216 y ss.

sentido del «uso»[319] –jurídico– del lenguaje material en el que se incluye la totalidad de lo hablado y comprendido. De tal modo comprendido, que la diversidad de mediaciones posibles operantes legítimamente por medio del proceso de comprensión jurídica resultante en la que nos hallamos comprometidos, ha de ser concebida en términos dialógicos[320], y solo en este enfrentamiento con la situación encaminado a comprender podemos apercibirnos realmente de nuestra posición comprensiva. Así las cosas, en esta última fase de la comunicación, definitivamente se imponen los significados históricos por encima de los autores –comprendemos el acontecer histórico porque lo hemos generado nosotros mismos, tal como expusiera Giambattista Vico– quienes al unirse al proceso comunicativo culminan el proceso mismo, ya que en nuestra propia mismidad se halla potencialmente la factibilidad de unión dentro del ámbito de una totalidad enormemente compleja como es el proceso aludido, sin que llegue a diluirse sin embargo la singularidad.

De cualquier modo, si pretende sustraerse a la crítica, puesto que el *logos* permite hacer visibles además de exhibir los fenómenos y caracterizarlos como verdaderos o falsos, habrá naturalmente de aplicarse al objeto de evitar la atribución de significados arbitrarios subjetivos[321], que no restan así entre los verosímiles actuantes, claro es, por presumiblemente inaceptables para el Pueblo transforma-

[319] Expresión preferentemente empleada en la obra de Ludwig-Josef-Johann WITTGENSTEIN y su propuesta del método *a posteriori* para investigar los fenómenos reales del lenguaje, al proponer como tarea la averiguación del uso de la palabra en el lenguaje, y aunque ciertamente en ocasiones disocia los conceptos de uso y significado de la palabra, normalmente identifica ambos.

[320] Caracterizada la Hermenéutica moderna por una fuerte reacción contra del racionalismo, Friedrich-Daniel-Ernst SCHLEIERMACHER, a quien se considera su fundador, pronunciaría la conocida frase: «En la interpretación es esencial que seamos capaces de salir de nuestra forma de ver el mundo y meternos en la del otro».

[321] Inocêncio-Mártires COELHO, *Interpretação Constitucional*, 2ª ed., Porto Alegre, Sérgio Antônio Fabris Editor, 2002, pp. 67 y ss.

do en Comunidad política en cuanto destinatario de la acción comunitaria sustantiva y al propio tiempo actor de la misma[322]. En verdad, actúa epocalmente el lenguaje jurídico como elemento vivo en la integración de conflictos suscitados en la vida social cotidiana, sea mediante la mejora de los mismos sea mediante su eliminación e incluso la prevención, y en la decisión acerca de intereses bien de índole individual ora de carácter colectivo, pero siempre socialmente relevantes[323]. Postura esta que no dista excesivamente de la defendida por las tesis de la Democracia dualista de un Bruce Ackerman, por ejemplo, para quien las decisiones por las que apuesta claramente el Pueblo en contextos de gran movilidad ciudadana deben alcanzar carácter vinculante y son merecedoras de protección frente a la voluntad de sus representantes; estamos, en términos del autor, ante la que denomina política extraordinaria, que no exige necesariamente formalización procedimental a través de un proceso constituyente o de procedimientos de reforma constitucional y que puede legítimamente imponer límites a la política ordinaria[324]. Para ver esto de un modo intuitivo y concreto, piénsese en cómo se constituye de esta suerte el nexo que elimina distancias y diferencias entre el «Pueblo activo» en cuanto centro de imputación de decisiones colectivas –*Zurechnungsinstanz*– y el «Pueblo como instancia de atribución de legitimidad», pues cuanto más idéntico sea el «Pueblo de un Estado» [*Staatsvolk*] con la población activa potencial y realmente participante en el respeto y ejercicio efectivo de sus Derechos Fundamentales realizados en la Sociedad constituida en organización democrática de poder de la libertad y de la igualdad, consecuentemente, tanto más valor

322 Porque no bastan las concepciones procedimentales de la Democracia –quién decide y mediante qué reglas– dirá entre otros Luigi FERRAJOLI, sino que es preciso considerar la dimensión sustantiva, vale decir, qué es lo que se decide, *Los fundamentos de los derechos fundamentales*, Madrid, Trotta, 2001, p. 322.

323 En las tercera y cuarta acepciones del concepto propuestas por Friedrich MÜLLER, *Wer ist das Volk? ...*, *op. cit.*, pp. 23 y ss; y 27 y ss.

324 Bruce ACKERMAN, *We the People*, Vol. I., Cambridge, Foundations, Belknap Press, 1991, pp. 3 y ss.

de realidad tiene, porque la moderna democracia avanzada trasciende con creces la consideración de su entendimiento como simplemente un dispositivo determinado de técnica jurídica[325], aun cuando esta última concepción esencial-valorativo-kelsiana, para rubor de algunos de nosotros, sea aún invocada con cierta frecuencia por otros.

En el proceso de adquirir legitimidad, la invocación del Pueblo como icono articula únicamente una metáfora en el contexto de la retórica ideológica que oscurece el propio problema de la legitimidad y su análisis, pues la iconización de aquel «es un mero dejar el pueblo a sí mismo», consistente en definitiva «en desrealizar» [*entrealisieren*] a la población[326]. Trascendiendo, se perfila con el paso a la práctica la idea de Pueblo entendida metafóricamente a modo de icono referida y que enlazaría con el *kyrion* aristotélico teorizado en su *Política*, a la función del Pueblo como *instancia global de atribución de legitimidad* continuada y no solo originaria que supone su concepción, pues actúa como fuente activa de la institución de textos de normas a través de la elección de representantes o la decisión por medio de herramientas de participación directa, ya que el propio Pueblo es asimismo el destinatario de las prescripciones normativas, en relación con derechos, deberes y tareas de protección, argumento que, en ese sentido amplio, se aplica «a los no electores, y asimismo para los electores vencidos»[327]. Por lo tanto, el *Pueblo como instancia global de atribución de legitimidad* no refiere el mismo aspecto de Pueblo que este en tanto *Pueblo activo*, sino que es el concepto pertinente a los titulares de nacionalidad, y, de este modo, el Pueblo legitimante justifica el orden jurídico, en un sentido más amplio, como orden democrático cuando lo acepta globalmente, y no se rebela en consecuencia contra este por la sencilla razón

325 Friedrich MÜLLER, *Wer ist das Volk?* ..., *op. cit.*, pp. 57 y ss.

326 Friedrich MÜLLER, *Wer ist das Volk?* ..., *op. cit.*, pp. 31 y ss.

327 Friedrich MÜLLER, *Wer ist das Volk?* ..., *op. cit.*, en diversos momentos.

de que lo crea[328]. Pero para que sea así, se necesita su participación en coordenadas dinámico-temporales, y con fundamento en ello adquiere justificación el proceso permanente de *concretización* constitucional a fin de seguir manteniendo la legitimidad de la agrupación social articulada en Comunidad política[329]. Porque, señala Friedrich Müller, estamos ante un imperativo democrático, cuya finalidad es la de «tomar al pueblo en serio como una realidad», aproximando el *Pueblo activo* y el *Pueblo como instancia de atribución de legitimidad* en la mayor medida de lo posible tocante a términos de política constitucional naturalmente práctica; praxis constitucional que se identifica como «Constitución viva», a realizar por la Comunidad política en su «pluridimensionalidad» en el transcurso de un «proceso de constitución» que es «complejo y permanente»[330].

Si recordamos, un autor como Jhon Ester va a considerar probablemente de modo acertado que solo la asamblea constituyente se configura con propiedad como actor político conforme al sentido fuerte de «*politique politizante*», de abrirse a la idea de no querer cristalizar el planteamiento de un atarse a sí mismo por el Pueblo de por tiempo de tal modo que en adelante exclusivamente se desarrollaría una mediatizada y esclerosizante «*politique politisée*»[331], vertiente conducente a ese entonces inefable destino para un Pueblo condenado a soportar los acontecimientos, abusos y fantasías delirantes de los gobernantes[332], e impropio de la forma de organización que alberga al Estado social y democrático que a partir de esa legitimidad permanente sí estará en condiciones de operar como «regulador decisivo del sistema social» así

[328] Friedrich MÜLLER, *Wer ist das Volk? ...*, *op. cit.*, en diversos momentos.

[329] Friedrich MÜLLER, *Métodos de trabajo...*, *op. cit.*, pp. 27 y ss.

[330] Hans-Peter SCHNEIDER, *Democracia...*, *op. cit.*, p. 115.

[331] John ELSTER, *Ulises y las Sirenas...*, *op. cit.*, pp. 151 y ss.

[332] Al efecto, Emil-Michel CIORAN, *Histoire et utopie*, Paris, Gallimard, 1960.

como en disposición «de estructurar la sociedad a través de medidas directas o indirectas»[333]. La auténticamente democrática teoría constitucional dinámico-concretizante está obligada a imponer el acuerdo político de la Constitución normativa-normante referida al sentido histórico de *concretización permanente* como modo de ser jurídico-constitucional[334], y teniendo en cuenta que la Constitución actual es al mismo tiempo en el Estado Social y Democrático constitución del Estado y de la Sociedad, toda vez viene obligada a incorporar las estructuras fundamentales de la Sociedad plural, las relaciones de grupos sociales entre sí, en fin, las relaciones de las organizaciones con los ciudadanos[335]. En ese contexto, si las relaciones sociales son cada vez más complejas y se articulan entre ciudadanos y grupos que precisan de actuar en pié de igualdad, la Constitución en definitiva actúa forzosamente como mecanismo abierto a la *concretización* permanente al servicio del individuo[336]. Efectivamente, la garantía del Estado social y democrático que aspira a la integración del Pueblo, exige que este siempre intervenga en dicho proceso a fin de que sea realmente tal en sentido pleno, negando toda posibilidad a instancias de poder incontrastables generadoras de la tragedia humana y propugnando, por el contrario, una adecua-

333 Conforme teorizara Manuel GARCÍA PELAYO Y ALONSO, *Las transformaciones del Estado contemporáneo*, Madrid, Alianza, 1977, p. 23.

334 Friedrich MÜLLER, *Wer ist das Volk? ...*, *op. cit.*, pp. 41 y ss.

335 Rafael-Enrique AGUILERA PORTALES, «Las transformaciones del Estado contemporáneo: legitimidad del Estado neoconstitucional», en: *Revista de Filosofía, Derecho y Política*, núm.15, 2012, p. 29.

336 Ángela FIGUERUELO BURRIEZA, «Significado y funciones del Derecho Constitucional», en: *Revista Brasileira de Direito Constitucional*, núm. 19, 2012, p. 54; similarmente, acentuando la perspectiva dirigente Martonio-Mont`Alverne-Barreto LIMA, «Subdesenvolvimento e Constituiçao Dirigente: Uma Possível Abordagem Materialista», en *Direito e Marxismo*, ed. de Martonio-Mont`Alverne-Barreto Lima / Enzo Bello, Rio de Janeiro, Lumen Iuris, 2010, pp. 299 y ss.

da compensación social por medio de una política social apropiada[337].

4.6. La comprensión de algunas dudas y fijaciones, expresadas lingüísticamente a modo de breve epílogo

A buen seguro, resultará cualquier cosa menos causa de entretenimiento el interrogarnos acerca de cuánto hay de hipocresía colectiva en todos los planteamientos que proponemos y en qué medida han contribuido los juristas a su perpetuación, precisamente a través de nuestras decisiones expresadas por medio del lenguaje que se orientan al parecer hacia universales, y no en último extremo mediante nuestra tendencia en su empleo a la pedantería[338]. Al efecto, *Pierre Bourdieu* lo tiene claro, por cuanto considera que, tomando en consideración su función a desarrollar de custodios «*ipocriti*» de esta creencia, los juristas detentan una «*forza sociale estremamente rilevante*» de carácter instrumental y estratégico, pero al mismo tiempo caen prisioneros de su mismo juego a la vez que enredados en el mismo, y con la ambición a la universalidad contribuyen a un espacio de lo posible pero también al mismo tiempo de los imposibles; un espacio que lo queramos o no, sin embargo, se impone, en la medida en la cual pretendamos permanecer dentro de los confines intrínsecamente válidos del ámbito jurídico de decisión[339].

---

337 Más ampliamente nos hemos referido a la cuestión en nuestro libro *Principio de igualdad y Estado social*, Santander, SPUC, 2006, pp. 106 y ss, entre otros momentos.

338 Porque, para decirlo con Friedrich Nietzsche y Martin Heidegger, si bien hay una al parecer indeclinable tendencia humana a la erudición pedante –y a también a la originalidad–, el propio oficio de trabajador del Derecho, debemos reconocer, tiene socialmente reconocido el primer lugar en el pódium al efecto.

339 Pierre BOURDIEU, «I giuristi, custodi dell'ipocrisia collettiva», en: *Kainos - Rivista on line di Critica Filosofica*, ISSN 1827-3750, núm. 9, 2009.

Ahora bien, si estamos obligados a no desoír esta y otras similares advertencias críticas, parece instalada también la *Teoría Estructurante del Derecho,* estrictamente sujeta a la Constitución y al Derecho, en la bien asumida posición de que el lenguaje constituye el instrumento de la libertad cuando no se persigue su cuarteamiento, y por medio de él y en él se nos abre la posibilidad de un acceso en cada caso a la verdad[340], aunque hayamos venido insistiendo acerca de su carácter limitado por las probadas y mostradas finitud y temporalidad del conocimiento que es, por así decirlo, un momento siempre de apertura potencial [*Unabgeschlossenheit*] de sentido en proceso de transformación; y aceptemos por supuesto la multilateralidad, vivacidad y complejidad de toda realidad social, obvio es, producto del actuar práctico caracterizante del obrar humano, que nos impide captar de modo pleno las consecuencias de cualquier acto o decisión realizada[341]. Por añadidura, esta hipercomplejizada y multifacética realidad social que nos toca vivir no ha podido por menos de alentar los denominados «intrincamientos» [*Verflechtugen*] asociados a la posmodernidad, entendidos sean en el sentido de expresar con ayuda de este concepto el entrelazamiento conducente a la heterogeneidad discursiva[342].

En cualquier caso, nos parece que hemos insistido al menos de modo suficiente a propósito de la necesidad de impulsar un cambio radical en la praxis jurídico-constitucional y conjuntamente, por la naturaleza de las cosas, de la propia teoría jurídica de la praxis, en beneficio del

[340] Desarrollando y ampliando ideas de su maestro, ha insistido agudamente en estas cuestiones Günter FIGAL, por ejemplo «The Doing of the Thing Itself: Gadamer's Hermeneutic Ontology», en: *The Cambridge Companion to Gadamer*, ed. de Robert J. Dostal, Cambridge, Cambridge University Press, 2002, pp. 102 y ss.

[341] Por todos, Herbert BUTTERFIELD, *The Whig Interpretation of History*, New York, Norton & Company, 1965, pp. 21 y ss.

[342] Wolfgang WELSCH, «Gesellschaft ohne Meta-Erzählung?», en: *Die Modernisierung moderner Gesellschaften: Verhandlungen des 25. Deutschen Soziologentages in Frankfurt am Main 1990*, ed. de Wolfgang Zapf, Frankfurt am Main/New York, Campus,1991, pp. 179 y ss.

orden democrático real[343], pero también viene a exhibir e incluso a acentuar la *Teoría Estructurante del Derecho* en sus últimos estadios de pensamiento con el tiempo –y, por tanto, adelantándose a este– cómo, en no menor medida, andamos acuciantemente precisados por ello mismo de un cambio de mentalidad, y esta solo puede venir ensayada además de alentada de nuevo a través del lenguaje. No parece que haya a la mano otras alternativas de juricidad-normatividad válidas frente tanto a los viejos como a los tardíos positivismos fundados estos en la ¡filosofía analítica!, si pretendemos tomar en serio la superación del actual colapso de la autonomía del Derecho referida a la circularidad de su autorreproducción y no a su independencia causal del medio ambiente, que evidentemente no puede ser tal[344]. Dada la situación, hay que tener superior valor y coraje aún, a fin de ponerse decididamente manos frente a la obra, de manera más radical inclusive de lo que hasta aquí se ha dicho o eventualmente hecho, de lo cual, expresado sea de paso, sentimos en nuestro concreto caso un modesto pero legítimo componente de orgullo, aunque solo fuera por la ausencia de contradicciones en ese muy modesto quehacer nuestro como trabajador humilde del Derecho sujeto a principios democráticos y a las exigencias del Estado de Derecho, por haber resistido frente a los

[343] Walter LEISNER ha adelantado ya hace unos decenios que en el contexto de enrarecido ambiente jurídico-político que nos toca vivir, al ciudadano de cualquier oficio, naturalmente el jurídico incluido, no le queda otro remedio que cumplir su obligación de actuar desde el convencimiento en defensa del orden democrático, *Demokratie. Selbstzerstörung einer Staatsform*, Berlin, Duncker & Humblot, 1979, además de su importante e impresionante libro de 1086 páginas: *Demokratie. Betrachtungen zur Entwicklung einer gefährdeten Staatsform*, Berlin, Duncker & Humblot, 1998, obra por nosotros solo consultada en aspectos concretos; y asimismo remitimos a nuestras consideraciones vertidas con el apoyo del autor en Luis-Quintín VILLACORTA MANCEBO / Antonio VILLACORTA CAÑO-VEGA, *Nuevas dimensiones de protección asumidas por los Derechos Fundamentales*, Madrid, Dykinson, 2013, pp. 46-48.

[344] Por todos para esta constatación-denuncia ya en Gunther TEUBNER, *Recht als autopoietisches Sysem*, Frankfurt am Main, Suhrkamp, 1989, p. 47.

embates irracionales de las posiciones jurídico-políticas dominantes, y tenemos así la impresión de haber superado la dificultad con la que topábamos con tanta habilidad y nota como se nos juzgue, pero desde luego, desde siempre, con valor y ejerciendo la libertad, y por añadidura, en el rechazo de las opciones que no llevan a ninguna parte, que sin pudor alguno devuelven al hombre a un larvado estado de esclavitud.

Libres, pues, de espíritu, y conscientes de la vía correcta de combate frente al enemigo ahora identificado, así como animados si cabe en mayor medida a plantar cara a la trama organizada en ocloclacia jurídico-social[345], que se toca tangencialmente de otra parte con las tesis de la dependencia del individuo no ya del Estado sino de la Constitución[346], defendamos por añadidura a tal finalidad estigmatizante[347], y como enseñara Giambattista Vico en términos realistas, que la inteligencia conoce lo que hace y solo lo que hace, y únicamente porque lo hace, y hasta donde alcanza la de cada uno, siendo lo hecho el único criterio de verdad, vale decir, modo de ser activo normativo-estructurante que, por lo que nos atañe, venimos alentando en nuestro mundo jurídico-social; planteamiento que comparte en sentido lato Gianni Vattimo y desde cuyo arranque se permite concluir acertadamente: «el mundo verdadero termina convirtiéndose en fábula». Es así que,

[345] En griego χλοκρατα, pero con cierta variante respecto de su definición en la Grecia clásica, actualmente se identifica con el gobierno de los peores, y, en sentido lato, alcanza a todos los ámbitos sociales que, en nuestro caso, y por lo referido a España, quiere decir la imposición dominante de las tesis de los últimos juristas, vale decir, de los ineptos, dominio al que el positivismo jurídico coadyuva decisivamente.

[346] Véase al respecto Carlos DE CABO MARTÍN, «El Sujeto y sus derechos», en: *Teoría y Realidad constitucional*, núm. 7, 2001, pp. 117 y ss; cuando, en realidad, la Constitución democrática tiene que depender del individuo que la crea a lo largo del proceso concretizante permanente.

[347] Actividad decididamente reactiva para evitar, ¡ya está bien!, eternos retornos, en realidad aquí claro es, de lo jurídico-social más reaccionario, que sirva asimismo de desenmascaramiento de la praxis moral-dualista de supuestos idealismos, por demás irrecuperables, tan dañinos para lo jurídico social como hemos referido.

proseguimos aprendiendo del insigne napolitano: «Dios engendra porque entiende», aunque las sectas se empeñen, inútilmente a medio plazo, en dar la vuelta a la frase; y naturalmente lo hacen desde ese ateísmo que está ahí crudamente instalado en el sentido más materialmente-cristalino –que no dentro de la metafísica cristiana–, en el sentido de admitir que Él puede comprender porque engendra, y aún peor, la herejía opera actuante cual pernicioso modo de ser jurídico-social que asimismo está ahí y dura ya demasiado, por lo que seguimos en la brecha al servicio de un ideal diferente –cual posición aquí, en el sentido ontológico-heideggeriano– de respuesta a un envío, de transcripción, pero también como modo de ser de un mensaje de ruptura impulsado por nuestra adhesión a la intemporalidad. Sugerida esta para nuestro mundo de lo jurídico-social por la *Teoría Estructurante del Derecho*, que se corresponde con su agudísima conciencia y alta sensibilidad ante la permanencia del cambio histórico, y transida por la comprensión de las ininterrumpidas transformaciones de lo jurídico, lo que condiciona la búsqueda continuada de estructuras normantes que son, por su identidad, para nada fluyentes sino al mismo tiempo intrahistóricas, meta-históricas e histórico-prospectivas, lo que hace del ordenamiento jurídico fundamento y meta al mismo tiempo, a la búsqueda de superación permanente de la retórica ideológica por la verdadera democracia efectiva. Estructuras, en fin, constitutivas de un original círculo de la comprensión en cuyo contexto y a través de continuos ritornelos surgen experiencias de decisión e integración de conflictos de carácter teórico-práctico donde «suenan», porque, parafraseando a Hans-Georg Gadamer: el poema es tal, cuando es dicho.

Bibliografía empleada

ACKERMAN, Bruce: *We the People*, Vol. I. Foundations, Cambridge: Belknap Press, 1991.

ADRIÁN ESCUDERO, Jesús: «Heideggers Phänomenologie der Stimmungen. Zur Welterschließenden Funktion der Angst, der Langweile und der Verhaltenheit», en: *Heidegger Studies* 26, 2010.

AGUILERA PORTALES, Rafael-Enrique: «Las transformaciones del Estado contemporáneo: legitimidad del Estado neoconstitucional», en: *Revista de Filosofía, Derecho y Política*, núm.15, 2012.

ALEXANDRE, Thomas M.: «Eros and Understanding: Gadamer´s Aesthetic Ontology of the Comunity», en: *The Philosophy of Hans-Georg Gadamer*, ed. de Lewis Edwin Hahn. Illinois: The Library of Living Philosophers, 1997.

ALTHUSSER, Louis: *Ideología y aparatos ideológicos del Estado*. Buenos Aires: Ediciones Nueva Visión, 1974.

ALZAGA VILLAAMIL, Óscar: *Derecho Político español, según la Constitución de 1978*, Vol. I, 3ª ed. Madrid: Centro de Estudios Ramón Areces, 2001.

AMOROSO, Leonardo: *Lichtung. Leggere Heidegger.* Torino: Rosenberg & Sellier, 1993.

APEL, Karl-Otto: *Auseinandersetzungen in Erprobung des transzendentalpragmatischen Ansatzes*. Frankfurt am Main: Suhrkamp, 1998.

ARENDT, Hannah: *The Life of the Mind.* Boston, Houghton Mifflin Harcourt, 1981.

— *Responsabilità e giudizio*, Torino, Einaudi, 2004.

ARNTZ, Rainer: «Rechtsvergleichung und kontrastive Terminologiearbeit: Möglichkeiten und Grenzen interdisziplinären Arbeitens», en: *Übersetzen von Rechtstexten*, ed. de Peter Sandrini. Tübingen: Günter Narr, 1999.

ASCARELLI, Tulio: «Giurisprudenza Costituzionale e teoria dell`interpretazione», en: *Problemi Giuridici*, Vol. I. Milano: Giuffrè, 1959.

ASENSI SABATER, José: «Liberalismo y modernidad en el constitucionalismo español», en: *Cuadernos Constitucionales de la Cátedra Fadrique Furió Ceriol*, núms. 58-59, 2007.

BACHELARD, Gaston: *La formación del espíritu científico*. México: Siglo XXI, 1988.

BALAGUER CALLEJÓN, Francisco: «La contribución de Peter Häberle a la construcción del Derecho constitucional europeo», en: *Revista de Derecho Constitucional Europeo*, núm. 13, 2010.

BALAGUER CALLEJÓN, María-Luisa: *Interpretación de la Constitución y ordenamiento jurídico*. Madrid: Tecnos, 1997.

BALDASSARRE, Antonio: «Una risposta a Guastini», en: *Giurisprudenza costituzionale*, 2007.

BARROSO, Luís-Roberto: «Fundamentos teóricos e filosóficos do novo Direito Constitucional brasileiro (Pósmodernidade, teoria crítica e póspositivismo)», en: *Temas de Direito Constitucional*, Tomo II. Rio de Janeiro: Renovar, 2003.

— *O Direito Constitucional e a Efetividade de suas Normas. Limites e possibilidades da Constituição Brasileira*, 6ª ed. Rio de Janeiro: Renovar, 2004.

— *Interpretação e apliação da Constituição*, 7ª ed. São Paulo: Saraiva, 2009.

BAUMAN, Zygmunt: *El tiempo apremia*. Barcelona, Arcadia, 2010.

BÄUMLIN, Richard: *Staat, Recht und Geschichte. Eine Studie zum Wesen des geschichtlichen Rechts, entwickelt an den Grundproblemen von Verfassung und Verwaltung*. Zürich: EVZ-Verlag, 1961.

BELTRÁN VILLALVA, Miguel: *La realidad social*. Madrid: Tecnos, 1991.

BERCOVICI, Gilberto: «Constituição e Política: uma relação difícil», en: *Luanova: Revista de Cultura e Política*, núm. 61, 2004.

— «Democracia, inclusão social e igualdade», en: *Constituição e constitucionalismo*, ed. de Gustavo Ferreira Santos. Curitiba: Juruá, 2010.

BIANCO, Franco: *Introduzione a Dilthey*. Bari: Laterza & Figli, 2000.

BINDER, Julius: *Philosophie des Rechts*. Berlin: Georg Stilke, 1925.

BLANCO VALDÉS, Roberto-Luis: «La política y el derecho: veinte años de Justicia Constitucional y democracia en España», en: *Teoría y realidad constitucional*, núm.4, 1999.

BÖCKENFÖRDE, Ernst-Wolfgang: *Staat, Verfassung, Demokratie. Studien zur Verfassungstheorie und zum Verfassungsrecht*. Frankfurt am Main: Suhrkamp, 1991.

BONAVIDES, Paulo: «Teoria estructual do Direito, de Friedrich Müller», en: *Revista de Direito Constitucional e Ciencia Politica*, núm. 2, 1984.

— *Curso de Direito Constitucional*, 20ª ed. São Paulo: Malheiros, 2007.

BONAVIDES, Paulo / ANDRADE, Antônio Paes de: *História constitucional do Brasil*. 3ª ed. Rio de Janeiro: Paz e Terra, 1991.

BONORINO, Pablo-Raúl: «El aguijón derrotable», en: *Analisi e Diritto*, 1999.

— «¿Cuál es el desafío de Dworkin?», en: *Anuario de Filosofía del Derecho*, Vol. XVII, 2000.

BOURDIEU, Pierre: «I giuristi, custodi dell'ipocrisia collettiva», en: *Kainos - Rivista on-line di Critica Filosofica*, ISSN 1827-3750, núm. 9, 2009.

BRITTO, Carlos Ayres: *Teoria da Constituição*. Rio de Janeiro: Forense, 2003.

BUBNER, Rüdiger: *Dialektik als Topik. Bausteine zu einer lebensweltlichen Theorie der Rationalität*. Frankfurt am Main: Suhrkamp,1990.

— *Drei Studien zur Politischen Philosophie. Vorgetragn am 10. Mai 1997*. Heidelberg: Universitätsverlag C. Winter, 1999.

— *Polis und Staat. Grundlinien der Politischen Philosophie*. Frankfurt am Main: Suhrkamp, 2002.

BÜLOW, Oskar: *Gesetz und Richteramt*. Leipzig: Duncker & Humblot, 1885.

BULYGIN, Eugenio: «An Antinomy in Kelsen`s Pure Theory of Law», en: *Ratio Iuris*, núm.3, 1990.

— «Mi visión de la filosofía del derecho», en: *Doxa. Revista de Filosofía del Derecho*, núm. 32, 2009.

BURDEAU, George: *Traité de Science Politique. Etat libéral et les techniques politiques de la démocratie gouvernée*. Paris: LGDJ, 1953.

BUSSE, Dietrich: *Juristische Semantik: Grundfragen der juristischen Interpretationslehre in sprachwissenschaftlicher Sicht*. Berlin: Duncker & Humblot, 1993.

BUTTERFIELD, Herbert: *The Whig Interpretation of History*. New York: Norton & Company, 1965.

CÁMARA VILLAR, Gregorio: «Perfiles históricos del Derecho Constitucional Europeo», en: *Revista de Derecho Constitucional Europeo*, núm. 11, 2009.

CAPPELLETTI, Mauro: *Le Pouvoir des juges*. Paris: PUE,1990.

CARNAP, Rudolf: *Der logische Aufbau der Welt*. Hamburg: Felix Meiner, 1961.

CARPIZO, Jorge: «La interpretación constitucional en México», en: *Boletín Mexicano de Derecho Comparado*, núm. 12, 1971.

CASSIRER, Ernst: *El problema del conocimiento*, 4 volúmenes. México: FCE, 1953.

CASTANHEIRA NEVES, Antonio: *Metodologia jurídica: problemas fundamentais*. Coimbra: Coimbra Editora, 1993.

CEREZO GALÁN, Pedro: *Las máscaras de lo trágico: Filosofía y tragedia en Miguel de Unamuno*. Madrid: Trotta, 1996.

CHRISTENSEN, Ralph / FISCHER-LESCANO, Andreas: *Das Ganze des Rechts*. Duncker & Humblot, Berlin: 2007.

CIORAN, Emil-Michel: *Histoire et utopie*. Paris: Gallimard, 1960.

COELHO, Inocêncio-Mártires: *Interpretação Constitucional*, 2ª ed. Porto Alegre: Sérgio Antônio Fabris Editor, 2002.

COLEMAN, Jules L.: *The Practice of Principle: In Defence of a Pragmatist Approach to Legal Theory*. Oxford: Oxford University Press, 2001.

COMPARATO, Fábio-Kóder: «Por que não a soberanía dos pobres?», en: *Constituinte e Democracia no Brasil hoje*, ed. de Emir Sader. São Paulo: Brasiliense, 1985.

CORSET, Paul: «Wilhelm Dilthey 1833-1911: Le pacte moderne entre épistémologie et herméneutique», en: *Comprendre et Interpréter. Le paradigme hermenéutique de la raison*, ed. de Jean Greisch y otros. Paris: Beauchesne, 1993.

COSSÍO, Carlos: *El Derecho en el derecho judicial*, 1ª ed. Buenos Aires: Kraft, 1945.

COSTA, Pietro: *Il progetto giuridico. Ricerche sulla giurisprudenza del liberalismo clasico*, Vol. I. Milano: Giuffrè, 1974.

CROCE, Benedetto: *La filosofia di Giambattista Vico*. Bari: Laterza, 1962.

CRUZ RODRÍGUEZ, Manuel: «El escenario del presente», en: *Isegoría: Revista de filosofía moral y política*, núm. 39, 2008.

DE AQUINO, Tomás: *De Veritate, Cuestiones 16 y 17, La sindéresis y la conciencia, Cuadernos del Anuario Filosófico, Serie Universitaria 61*. Pamplona: SPUN, 1998.

DE CABO MARTÍN, Carlos de: «El Sujeto y sus derechos», en: *Teoría y Realidad constitucional*, núm. 7, 2001.

DE UNAMUNO Y JUGO, Miguel: «Prólogo a la versión castellana (primera edición) de la Estética de Benedetto Croce», en: *Obras completas*, Vol. VII. Madrid: Escelicer, 1967-1971.

DE VEGA GARCÍA, Pedro: «El tránsito del positivismo jurídico al positivismo jurisprudencial en la doctrina constitucional», en: *Teoría y Realidad constitucional*, núm. 1, 1998.

— «Mundialización y Derecho constitucional: la crisis del principio democrático en el constitucionalismo actual», en: *Revista de Estudios Políticos*, núm. 100, 1998.

— «La democracia como proceso: consideraciones en torno al republicanismo de Maquiavelo», en: *Revista de Estudios Políticos*, núm. 120, 2003.

— *La reforma de la Constitución y la problemática del poder constituyente*. Madrid: Tecnos, 1985, varias ediciones, 7ª reimpresión, 2011.

DERRIDA, Jacques: *L`Ecriture et la différence*. Paris: Du Seuil, 1967.
— *Márgenes de la filosofía*, Madrid: Cátedra, 1989.
DIEDERISCHSEN, Uwe: «Topisches und systematisches Denken in der Jurisprudenz», en: *Neue Juristische Wochenschrift*, 1966.
DILTHEY, Wilhelm: *Sobre el estado actual de la ciencia histórica*. Madrid: Revista de Occidente, 1934.
— *Obras de Wilhelm Dilthey, Vol. VII: El mundo histórico*. México: FCE, 1944.
— *Introducción a las ciencias del espíritu*, 2ª ed. Madrid: Revista de Occidente, 1966.
DNIZ, Márcio Augusto de Vasconcelos: *Constituição e Hermenêutica Constitucional*. Belo Horizonte: Melhoramentos, 1998.
DWORKIN, Ronald: *Taking Rights Seriously*. Cambridge: Harvard University Press, Mass., 1978.
— *Los Derechos en serio*. Barcelona: Ariel, 1984.
DUBISCHAR, Roland: *Vorstudium zur Rechtswissenschaft. Eine Einführung in die juristische Theorie und Methode anhand von Texten*. Stuttgart-Berlin-Köln-Mainz: Kohlhammer, 1974.
EHMKE, Horst: «Prinzipien der Verfassungsinterpretation», en: *Veröffentlichungen der Vereinigung der Deutschen Staatsrechtslehrer*, núm. 20. Berlin: Walter de Gruyter, 1963.
ELIADE, Mircea: *La Prueba del Laberinto*. Madrid: Ed. Cristiandad, 1980.
ELSTER, Jon: *Tuercas y Tornillos. Una introducción a los conceptos básicos de las ciencias sociales*. Barcelona: Gedisa, 1989.
— *Ulises y las sirenas: estudios sobre racionalidad e irracionalidad*. México: Fondo de Cultura Económica, 1997.
— *Juicios Salomónicos. Las limitaciones de la racionalidad como principio de decisión*. Barcelona: Gedisa, 1999.
ESCOBAR ROCA, Guillermo: «Elementos de teoría de los Derechos fundamentales de la Unión Europea», en: *Revista catalana de Dret public*, núm.37, 2008.
ESSER, Josef: *Grundsatz und Norm in der richterlichen Fortbildung des Privatrechts*. Tübingen: Mohr Siebeck, 1956.
— *Vorverständnis und Methodenwahl in der Rechtsfindung: Rationalitätsgrundlagen richterlicher Entscheidungspraxis*, 2ª ed. Frankfurt am Main: Athenäum Fischer, 1972.

ESQUIROL CALAF, Josep-María: *El respeto o la mirada atenta. Una ética para la era de la ciencia y la tecnología*. Barcelona: Gedisa, 2006.

FERNÁNDEZ SEGADO, Francisco: «El Justicie Oliver Wendell Holmes: "The Great dissenter" de la Supreme Court», en: *Teoría y realidad constitucional*, núm. 25, 2010.

FERRAJOLI, Luigi: «Interpretazione doctrinale e interpretazione operativa», en: *Rivista internazionale di filosofia del diritto*, núm. 63, 1966.

— *Los fundamentos de los derechos fundamentales*. Madrid: Trotta, 2001.

— *Cultura jurídica y paradigma constitucional. La experiencia italiana del siglo XX*. Lima: Palestra, 2010.

FEYERABEND, Paul: *Diálogos sobre el conocimiento*. Madrid: Cátedra, 1991.

FIGAL, Günter: «The doing of the thing itself» en: *The Cambridge Companion to Gadamer*, ed. de Robert J. Dostal. Cambridge: Cambridge University Press, 2002.

FIGUERUELO BURRIEZA, Ángela: «Significado y funciones del Derecho Constitucional», en: *Revista Brasileira de Direito Constitucional*, núm. 19, 2012.

FORSTHOFF, Ernst: *Recht und Sprache. Prolegomena zu einer richterlichen Hermeneutik*. Halle: Niemeyer, 1940.

— *Grenzen des Rechts*: *Vortrag gehalten auf der Kant-Feier der Albertus-Universität am 12. Februar 1941*. Königsberg: Gräfe und Unzer, 1941.

— *Zur Problematik der Verfassungsauslegun*. Stuttgart: Kolhammer, 1961.

— «Die Umbildung des Verfassungsgesetzes», en: *Festschrift für Carl Schmitt zum 70. Geburtstag*, ed. de Hans Barion/ Ernst Forsthoff/Werner Weber. Berlin: Duncker & Humblot. 1959.

FRANK, Manfred: *Die Grenzen der Verständigung: ein Geistergespräch zwischen Lyotard und Habermas*. Frankfurt am Main: Suhrkamp, 1988.

FREYER, Hans: *Theorie des gegenwärtigen Zeitalters*. Stuttgart: Deutsche Verlagsanstalt, 1958.

FRIEDRICH, Manfred: *Positivismus und materialen Verfassungsdenken; Albert Hänel und seine Bedeutung für die deutsche Staatsrechtswissenschaft*. Berlin: Duncker & Humblot, 1971.
— «Der Methoden und Richtungsstreit», en: *Archiv des öffentlichen Rechts*, Bd.102, 1977.
FUCHS, Ernst: *Die Gemeinschädlichkeit der konstruktiven Jurisprudenz*. Karlsruhe: G. Braun, 1909.
GADAMER, Hans-Georg: *Le problème de la consciente historique*. Louvain: Publiccations Universitaires, 1963.
— *Verdad y Método. Fundamentos de una hermenéutica filosófica*. Salamanca: Ediciones Sígueme, 1977.
— «Selbstdarstellung», en *Philosophie in Selbstdarstellungen*, Bd. III, ed. de Ludwig-Jakob Pongratz. Hamburg: Felix Meiner, 1977.
— *Die Idee des Guten zwischen Plato und Aristoteles*. Heidelberg: Akademie der Wissenschaften, 1978.
— «Sprache und Verstehen», en: *Gesammelte Werke*, Bd. II. Tübingen: Mohr Siebeck, 1986/1993.
— «Los fundamentos filosóficos del siglo XX», en: *La secularización de la Filosofía. Hermenéutica y Posmodernidad*, ed. de Gianni Vattimo. Barcelona: Gedisa, 1994.
— *La dialéctica de Hegel. Cinco ensayos hermenéuticos*. Madrid: Cátedra, 1997.
— «Destruktion y deconstrucción», en: *Diálogo y desconstrucción. Los límites del encuentro entre Gadamer y Derrida*, ed. de Antonio Gómez Ramos. Madrid: SPUAM, 1998.
— *Verdad y Método II*, 3ª ed. Salamanca: Ediciones Sígueme, 1998.
— *Los caminos de Heidegger*. Barcelona: Herder, 2003.
— *Elogio de la teoría*. Barcelona: RBA, 2013.
GARCÍA AMADO, Juan-Antonio: «Tópica, Derecho y Método jurídico», en: *DOXA. Revista de Filosofía del Derecho*, núm. 4, 1987.
— *Teorías de la tópica jurídica*. Madrid: Civitas, 1988.
GARCÍA PELAYO Y ALONSO, Manuel: *Las transformaciones del Estado contemporáneo*. Madrid: Alianza 1977.
GAVARA DE CARA, Juan-Carlos: *Derechos Fundamentales y desarrollo legislativo. La garantía del contenido esencial de los Derechos Fundamentales en la Ley Fundamental de Bonn*. Madrid: CEC, 1994.

GENETTE, Gérard: «La rhétorique restreinte», en: *Communications*, núm. 16, Paris: Du Seuil, 1969-1970.

GIDDENS, Anthony: *La constitución de la Sociedad. Bases para la teoría de la estructuración*. Buenos Aires: Amorrortu, 1995.

GILSON, Etienne: *Études sur le role de la pensée médiévale dans la formation du systéme cartésien*. Paris: Vrin, 1930.

GIMBERNAT ORDENAIG, Enrique: *Concepto y método de la ciencia del derecho penal*. Madrid: Tecnos, 1999.

GOMES CANOTILHO, José-Joaquim: *Direito constitucional e teoria da Constituição*. 5ª ed. Coimbra: Almedina, 2002.

GONZÁLEZ ENCINAR, José-Juan: «La Constitución y su reforma. A propósito del libro de Pedro de Vega: La reforma constitucional y la problemática del poder constituyente», en: *Revista Española de Derecho* Constitucional, núm. 17, 1985.

GRIMM, Dieter: *Die Zukunft der Verfassung*. Frankfurt am Main, 1991.

GRONDIN, Jean: *Von Heidegger zu Gadamer. Unterwegs zur Hermeneutik*. Darmstadt: Wissenschaftliche Buchgesellschaft, 2001.

— *¿Qué es la hermenéutica?* Barcelona: Herder, 2008.

GUASTINI, Ricardo: *Le Fonti del Diritto e l`Interpretazione*. Milano: Giuffrè, 1993.

HABERMAS, Jürgen: *La lógica de las ciencias sociales*, 3ª ed. Madrid: Tecnos, 1996.

— *Historia y crítica de la opinión pública*. Barcelona: Gustavo Gili, 2004.

HARTMANN, Nicolai: *Das Problem des geistigen Seins. Untersuchungen zur Grundlegung der Geschichtsphilosophie und der Geisteswissenschaften*, De Gruyter, Berlin-Leipzig, aparecido inicialmente en 1933 y que citamos por la 2ª ed. Berlin: Walter de Gruyter, 1949.

HART, Herbert-Lionel-Adolphus: «Positivism and the Separation of Law and Morals», en: *Harvard Law Review*, Vol. 71, núm.4, 1958.

HEIDEGGER, Martin: *Über den Humanismus*. Frankfurt am Main: Vittorio Klostermann, 1947; entre nosotros conocida como *Carta sobre el humanismo* que tiene su origen en una misiva dirigida a Jean Beaufret (París) en el año 1946, la cual

sería revisada y aumentada a efectos de su edición, apareciendo publicada por primera vez en forma de apéndice a la obra: *Platons Lehre von der Wahrheit*. Bern: Francke, 1947.
— *Unterwegs zur Sprache*. Pfullingen: Gunther Neske, 1959.
— *Aus der Erfahrung des Denkens*. Pfullingen: Gunther Neske, 1965.
— *Sein und Zeit*, 11ª ed. Tübingen: Max Niemeyer, 1967.
— *Logik Die Frage nach der Wahrheit*. Frankfurt am Main: Vittorio Klostermann, 1976.
— *Platon: Sophistes*. Frankfurt am Main: Vittorio Klostermann, 1992.
— *Prolegomena zur Geschichte des Zeitbegriffs* (1924). Frankfurt am Main: Vittorio Klostermann, 1994.
— *Ontología. Hermenéutica de la facticidad*. Madrid: Alianza, 2008.
— *El concepto de tiempo (Tratado de 1924)*. Barcelona: Herder, 2008.
— *Holzwege*, 8ª ed. Frankfurt am Main: Vittorio Klostermann, 2003.
— *Tiempo e Historia*. Madrid: Trotta, 2009.

HELLER, Hermann: «Die Krisis der Staatslehre», en: *Archiv für Sozialwissenschaft und Sozialpolitik*, núm.55, 1926.

HERBART, Johann-Friedrich: *Sämtliche Werke*, Bd. V, ed. de Gustav Hartenstein. Leipzig: Leopold Voss, 1850.

HERDER, Johann-Gottfried: *Obra selecta*. Barcelona: RBA, 2002.

HESSE, Konrad: *Escritos de Derecho Constitucional*, 2ª ed. Madrid: CEPC, 2012.

HOBBES, Thomas: *De Cive*. Madrid: Alianza Editorial, 2000.

HOFFMAN-RIEM, Wolfgang: «Öffentliches Recht und Privatrecht als wechselseitige Auffangordnungen – Systematisierung und Entwicklungsperspektiven», en: *Öffentliches Recht und Privatrecht als wechselseitige Auffangordnungen*, ed. de Wolfgang Hoffmann-Riem/Eberhard Schmidt-Aßmann. Baden-Baden: Nomos, 1996.

HOLLERBACH, Alexander: «Ideologie und Verfassung», en: *Ideologie und Recht*, ed. de Werner Maihofer. Frankfurt am Main: Vittorio Klostermann, 1969.

HÖRISCH, Jochen: *Die Wut des Verstehens - Zur Kritik der Hermeneutik*. Frankfurt am Main: Suhrkamp, 1988.

HUSSERL, Edmund: «Statische und genetische Phänomenologie. Die Heimwelt und das Verstehen der Fremde. Das Verstehen der Tiere (Schluchsee, Ende August oder Anfang September 1933)», en: *Zur Phänomenologie der Intersubjektivität III, Gesammelte Werke*, Bd. XV, ed. Iso Kern. Berlin-Heidelberg: Springer, 1973.

— *La crisis de las ciencias europeas y la fenomenología trascendental*. Barcelona: Crítica, 1991.

IMÁZ, Eugenio: «Prólogo» a: *El mundo histórico* de Wilhelm Dilthey. México: FCE, 1944.

ISENSEE, Josef: «Vom Ethos des Interpreten. Das subjektive Element der Normauslegung und seine Einbindung in den Verfassungsstaat», en: *Staat und Recht. Festschrift für Günther Winkler*, ed. de Herbert Haller/Christian Kopetzki/Richard Novak/Stanley L. Paulson/ Bernhard Raschauer/Georg Ress/ Ewald Wiederin. Wien: Springer, 1997.

JASPERS, Karl: *Filosofia de la existencia*. Madrid: Aguilar, 1968.

JEAND`HEUR, Bernd: *Sprachliches Referenzverhalten bei der juristischen Entscheidungstätigkeit*. Berlin: Duncker & Humblot, 1989.

— «Die neuere Fachsprache der juristischen Wissenschaft seit der Mitte des 19. Jahrhunderts unter besonderer Berücksichtigung von Verfassungsrecht und Rechtsmethodik», en: *Fachsprachen Languages for Special Purposes. Ein Internationales Handbuch zur Fachsprachenforschung und Terminologiewissenschaft*, ed. de Lothar Hoffmann/Hartwig Kalverkämper/Herbert Ernst Wiegand. Berlin-New York: Walter de Gruyter, 1998.

— «Gemeinsame Probleme der Sprach – und Rechtswissenschaft aus der Sicht der Strukturierenden Rechtslehre», en: *Untersuchungen zur Rechtslinguistik. Interdisziplinäre Studien zu praktischer Semantik und Strukturierender Rechtslehre in Grundfragen der juristischen Methodik*, ed. de Friedrich Müller. Berlin: Duncker & Humblot, 1989.

JELLINEK, Georg: *Allgemeine Staatsrechtslehre*, 3ª ed. Darmstadt: Aalen, 1960.

JIMÉNEZ CAMPO, Javier: «Interpretación de la Constitución», en: *Enciclopedia Jurídica Básica*, Vol. III, ed. de VV.AA. Madrid: Civitas, 1995.

KANT, Immanuel: *La crítica del juicio* –varias editoriales–.

KANTOROWICZ, Hermann-Ulrich: «La lucha por la Ciencia del derecho», en: *La ciencia del derecho*. Buenos Aires: Losada, 1949.

KAUFFMANN, Arthur: *Analogie und Natur der Sache: Zugleich ein Beitrag zur Lehre vom Typus:Vortrag gehalten vor der Juristischen Studiengesellschaft in Karlsruhe am 22 April 1964*. Karlsruhe: C. F. Müller, 1965.

— *Hermenéutica y Derecho*. Granada: Comares, 2007.

KAUFMANN, Erich: *Kritik der neukantischen Rechtsphilosophie. Eine Betrachtung über die Bezeihungen zwischen Philosophie und Rechtswissenschaft*. Tübingen: Mohr Siebeck, 1921.

KELSEN, Hans: *Sociedad y naturaleza*. Buenos Aires: Depalma, 1945.

— *Reine Rechtslehre*, 2ª ed. Wien: Franz Deuticke, 1960.

— *Esencia y Valor de la Democracia*, 2ª ed, Madrid: Guadarrama, 1977.

— *Problemas capitales de la teoría jurídica del Estado, desarrollados con base en la doctrina de la proposición jurídica*. México: Porrúa, 1987.

— *Contribuciones a la Teoría Pura del Derecho*. México: Fontamara, 2003.

— *What is justice? Justice, Law and Politics in the Mirror of Science - Collected essays*, 3ª ed. Berkeley: University of California Press, 2004.

— *¿Qué es la Teoría Pura del Derecho?* México: Fontamara, 2006.

KIERKEGARD, Soren: *La época moderna*. Santiago de Chile: Editorial Universitaria, 2001.

KLYUKANOV, Igor E.: *A Communication Universe: Manifestations of Meaning, Stagings of Significance*. Lanham-Maryland: Lexington Books, 2010.

KOSELLECK, Reinhart: *Vergangene Zukunft. Zur Semantik geschichtlicher Zeiten*. Frankfurt am Main: Suhrkamp, 1979.

KRAWIETZ, Werner: *Recht als Regelsystem*. Wiesbaden: Steiner, 1984.

KRIELE, Martin: *Befreiung und politische Aufklärung. Plädoyer für die Würde des Menschen*. Freiburg: Herder, 1980.

LADYMAN, James: *Filosofia della scienza. Un'introduzione*. Roma: Carrocci, 2007.

LAFONT, Cristina: *La razón como lenguaje*. Madrid: Visor, 1993.

LAKATOS, Imre (Samuel Lipschitz): *La metodología de los Programas de investigación científica*. Madrid: Alianza, 1993.

LARENZ, Karl: *Metodología de la Ciencia del Derecho*. Barcelona: Ariel, 1994.

LATORRE LATORRE, Virgilio: *Bases metodológicas de la investigación jurídica*. Valencia: Tirant lo Blanch, 2012.

LEIBHOLZ, Gerhard: «Zur Begriffsbildung im öffentlichen Recht», en: *Blätter für Deutsche Philosophie*, núm.5, 1931.

LEISNER, Walter: *Demokratie. Selbstzerstörung einer Staatsform*. Berlin: Duncker & Humblot, 1979.

LIMA, Martonio-Mont`Alverne-Barreto: «Subdesenvolvimento e Constituiçao Dirigente: Uma Possível Abordagem Materialista», en *Direito e Marxismo*, ed. de, Martonio-Mont`Alverne-Barreto Lima / Enzo Bello. Rio de Janeiro, Lumen Iuris, 2010.

LOCKE, John: *Ensayo sobre el entendimiento humano*. Madrid: Biblioteca Nacional, 1980.

LÖWITH, Karl: *Die Dynamik der Geschichte und der Historismus*. Zürich: Rhein-Verlag, 1953.

— *Paul Valéry. Rasgos centrales de su pensamiento filosófico*. Madrid: Katz editores, 2009.

— *Significato e fine della storia. I presupposti teologici della filosofia della storia*. Milano: Il Saggiatore Tascabili, 2010.

LUCIANI, Massimo: «Interpretazione costituzionale e testo della Costituzione. Osservazioni liminari», en: *Interpretazione costituzionale*, ed. de Gaetano Azzariti. Torino: Giappicheli, 2007.

— «L'interprete della Costituzione di fronte al rapporto fatto-valore. Il testo costituzionale nella sua dimensione diacronica», en: *Diritto sociale*, 2009.

LUHMANN, Niklas: *Rechtssystem und Rechtsdogmatik*. Stuttgart-Berlin-Köln-Mainz: Kohlhammer, 1974.

— *El derecho de la Sociedad*. México: Universidad Iberoamericana, 2002.

MAIHOFER, Werner: «Ideologie und Recht» en: *Ideologie und Recht*, ed. de Werner Maihofer. Frankfurt am Main: Vittorio Klostermann, 1969.

MARCK, Siegfried: *Substanz und Funktionsbegriff in der Rechtsphilosophie*. Tübingen: Mohr Siebeck, 1925.

MÄRZ, Wolfgang: «Der Richtungs - und Methodenstreit der Staatsrechtslehre», en: *Geisteswissenschaften zwischen Kaiserreich und Republik*, ed. de Knut-Wolfgang Nörr/Bertram Schefold/ Friedrich Tenbruck. Stuttgart: Franz Steiner, 1994.

MATHIEU, Vittorio: «Il Manifesto di un movimiento ermeneutico universale», en la obra recopilatoria del autor: *L`Uomo animale ermeneutico*. Torino: Giappichelli, 2000.

MENDES, Gilmar / COELHO, Inocêncio-Mártires / BRANCO, Paulo-Gustavo: *Curso de direito constitucional*, 4ª ed. São Paulo: Saraiva, 2009.

MERTON, Robert-King: *Social Theory and Social Structure*. New York: The Free Press of Glencoe, 1957.

MONEREO PÉREZ, José-Luis: «Estudio preliminar» introductorio al libro: *El fin del Derecho*, 2ª ed. Granada: Comares, 2011.

MORODO LEONCIO, Raúl: *Sobre Ramón Salas y Eudaldo Jaumeandreu: tradición, ilustración y liberalismo emergentes en nuestros pioneros expositores de la Constitución de 1812*, Madrid: Bravo Lofish, 2013.

MÜLLER, Friedrich: *Normstruktur und Normativität. Zum Verhältnis von Recht und Wirklichkeit in der juristischen. Hermeneutik, entwickelt an Fragen der Verfassungsinterpretation*. Berlin: Duncker & Humblot, 1966.

— *Recht, Sprache, Gewalt. Elemente einer Verfassungstheorie* I, 1ª ed. Berlin: Duncker & Humblot, 1975.

— *Juristische Methodik und politischen System. Elemente einer Verfassungstheorie II*. Berlin: Duncker & Humblot, 1976.

— *Rechtsstaatliche Form - Demokratische Politik: Beiträge zum Öffentlichen Recht, Methodik, Rechts und Staatstheorie*. Berlin: Duncker & Humblot, 1977.

— *Die Positivität der Grundrechte. Fragen einer praktischen Grundrechtsdogmatik*, 2ª ed. Berlin: Duncker & Humblot, 1990.

— *Strukturierende Rechtslehre*, 2ª ed. Berlin: Duncker & Humblot, 1994.

— *Wer ist das Volk?: Die Grundfrage der Demokratie. Elemente einer Verfassungstheorie* VI, 2º ed. Berlin, Duncker & Humblot, 1997

— *Juristische Methodik. Grundlagen Öffentliches Recht*, Bd. I, 9ª ed. Berlin: Duncker & Humblot, 2004.

— *Métodos de trabajo del Derecho Constitucional*. Madrid: Marcial Pons, 2006.

— «Unidad del ordenamiento», en: *Postpositivismo*, ed. de Friedrich Müller/Luis-Quintín Villacorta Mancebo. Santander: TDG, 2008.

— *Syntagma. Verfasstes Recht, verfasste Gesellschaft, verfasste Sprache im Horizont von Zeit*. Berlin: Duncker & Humblot, 2012.

— *Essais zur Theorie von Recht und Verfassung von Methodik und Sprache*, 2ª ed. Berlin: Duncker & Humblot, 2013.

MÜLLER, Friedrich (editor): «*Untersuchungen zur Rechtslinguistik, Interdisziplinäre Studien zu praktischer Semantik und Strukturierender Rechtslehre in Grundfragen der juristischen Methodik*. Berlin: Duncker & Humblot, 1989.

MÜLLER, Friedrich / CHRISTENSEN, Ralph / SOKOLOWSKI, Michael: *Rechtstext und Textarbeit*. Berlin: Duncker & Humblot, 1997.

MÜLLER, Friedrich / WIMMER, Rainer: *Neue Studien zur Rechtslinguistik*. Berlin: Duncker & Humblot, 2001.

MÜLLER, Friedrich / BURR, Isolde: *Rechtsprache Europas, Reflexion der Praxis von Sprache und Mehrsprachigkeit im supranationalen Recht*. Berlin: Duncker & Humblot, 2004.

MÜLLER, Friedrich / VILLACORTA MANCEBO, Luis-Quintín: Postpositivismo. Santander: TGD, 2008.

MURA, Gaspare: *Ermeneutica e verità. Storia e problemi della filosofia dell' interpretazione*. Roma: Città Nuova, 1997.

NAGEL, Ernest: «Some Issues in the Logic of Historical Analysis», en: *Theories of history: Readings from classical and contemporary sources*, ed. de Patrick Gardiner. Illinois: Glencoe, Free Press, 1959.

NEUMANN, Ulrich: «Zum Verhältnis von philosophischer und juristicher Hermeneutik», en: *Dimensionen der Hermeneutik. Arthur Kauffamnn zum 60.Geburtstag*, ed. de Winfried Hassemer. Heidelberg: Decker und Müller, 1984.

NEVES, Marcelo: *A constitucionalização simbólica*. São Paulo: Martins Fontes, 2007.

NIETZSCHE, Friedrich-Wilhelm: *Die Geburt der Tragödie aus dem Geiste der Musik*, cuya primera edición data de 1872, Verlag von E. W. Fritzsch.

— «Menschliches, Allzumenschliches. Ein Buch für freie Geister (Humano, demasiado humano. Un libro para espíritus libres)», en: *Studienausgabe*, Bd. II, ed. de Hans-Heinz Holz. Frankfurt am Main: Fischer, 1968.

— *Genealogía de la Moral*. Madrid: Alianza Editorial, 1996.

ORTEGA Y GASSET, José: «La razón histórica», en: *Obras Completas*, Tomo XII. Madrid: Revista de Occidente, 1983.

PASHUKANIS, Evgeniĭ-Bronislavovich: *Allgemeine Rechtslehre und Marxismus. Versuch einer Kritik der juristischen Grundbegriffe*. Wien: Verlag für Literatur und Politik, 1929.

PATRUNO, Luciano: *L'elasticità della Costituzione*. Torino: Giappichelli, 2012.

PAULSON, Stanley L.: «La distinción entre hecho y valor: la doctrina de los dos mundos y el sentido inmanente. Hans Kelsen como neokantiano», en: *Doxa. Revista de Filosofía del Derecho*, núm. 26, 2003.

PEDRA, Adriano Sant'Ana: *A Constituição viva: poder constituinte permanente e cláusulas pétreas*. Belo Horizonte: Mandamentos, 2005.

PERRY, Stephen R.: «Hart's Methodological Positivism», en: *Legal Theory*, núm.4, 1998.

PERELMAN, Chaïm / OLBRECHTS-TYTECA, Lucie: *Traité de l´argumentation: La nouvelle rhétorique*. Paris: Presses Universitaires de France, 1958.

PÖGGER, Otto: *El camino del pensar de Martin Heidegger*, Madrid: Alianza, 1986.

PORTERO MOLINA, José-Antonio: «Legitimidad democrática y Constitución europea», en: *Revista de Derecho Constitucional Europeo*, núm. 3, 2003.

PRIGOGINE, Ilya: *El fin de las certidumbres*. Madrid: Taurus, 2001.

PRIETO SANCHÍS, Luis: «Neoconstitucionalismo y ponderación judicial», en: *Neoconstitucionalismo*, ed. de Miguel Carbonell Sánchez. Madrid: Trotta, 2007.

RACIONERO CARMONA, Quintín: «Introducción» a: *Aristóteles. Retórica*. Madrid: Gredos, 1990.

RADBRUCH, Gustav: *Filosofía del Derecho*. Madrid: EDP, 1933.

RAZ, Joseph: *The Concept of a Legal System. An Introduction to the Theory of Legal System*, Oxford, Oxford University Press, 2ª ed., New York: Oxford University Press, 1980.

— «Incorporation by Law», en: *Legal Theory*, Vol. 10, 2004.

REGENT, Sabrina: «The Open Method of Coordination: A new Supranational Form of Governance?», en: *European Law Journal*, Vol. 9, 2003.

RICOEUR, Paul: *De L` interpretation. Essai sur Freud*. Paris: Du Seuil, 1965.

— *Le conflict des interprétations*. Paris: Du Seuil, 1969.

— *Du texte à l`action. Essais d`hermeneutique*, Vol. II., Paris: Du Seuil, 1986.

— *Lectures I. Autour du politique*. Paris: Du Seuil, 1991.

— *Le Juste*. Paris: Esprit, 1995.

— *Autrement. Lecture d`autrement qu`être ou audelà de l`essence d`Emmanuel Lévinas*. Paris: PUF, 1997.

RORTY, Richard: *Truth and Progress: Philosophical Papers*, Vol. 3. Cambrige: Cambrige U.P., 1998.

— *El pragmatismo, una versión*. Barcelona: Ariel, 2000.

ROSENFELD, Michel: *A identidade do sujeito constitucional*. Belo Horizonte: Mandamentos, 2003.

ROSS, Alf: *Le Problème des sources du droit à la lumière d`une théorie* réaliste *du droit*. Paris: Recueil Sirey, 1934.

— *Directives and Norms*. London: Routledge & Kegan Paul, 1968.

ROZICKI, Cristiane: «Alguns aspectos da legitimidade normativa de um poder constituinte», en: *Jus Navigandi*, Teresina, año 4, n. 36, nov. 1999, disponible en: http: //jus2.uol.com.br/doutrina/texto.

RÜTHERS, Bernd: *Rechtstheorie. Begriff, Geltung und Anwendung des Rechts*. München: Beck Verlag, 2005.

SALDANHA, Nelson: *Formação de uma teoria constitucional*. Rio de Janeiro: Renovar, 2000.

SÁNCHEZ FERRIZ, Remedio: «Veinte años de Derechos Fundamentales», en: *Anuario Jurídico de La Rioja*, núm. 4, 1998.

SÁNCHEZ FERRIZ, Remedio / COTINO HUESO, Lorenzo / ELÍAS MÉNDEZ, Cristina: *El Estado Constitucional*. Valencia: Tirant lo Blanch, 2009.

SCHEUERMAN, William E.: *Carl Schmitt: The end of Law*. Lanham-Maryland: Rowman & Littlefield Publishers Inc., 1999.

SCHMITT, Carl: *Politische Theologie. Vier Kapitel zur Lehre von der Souveränität*. Berlin: Duncker & Humblot, 1922.

— «Die Geschichtliche Struktur des Heutigen Welt-Gegensatzes von Ost und West: Bemerkungen zu Ernst Jüngers Schift „Der Gordische Knoten"», en: *Freundschaftliche Begegnungen: Festschrift für Ernst Jünger zum 60.Geburtstag*, ed. de Armin von Mohler. Frankfurt am Main: Vittorio Klostermann, 1955.

— *Defensa de la Constitución*. Madrid: Tecnos, 1981.

— *Teoría de la Constitución*. Madrid: Alianza, 1982.

SCHNEIDER, Hans-Peter: *Democracia y Constitución*. Madrid: CEC, 1991.

SMEND, Rudolf: «Staatsrechtslehrertagung», en: *Archiv des öffentlichen Rechts*, núm.13, 1927.

SEARLE, John-Rogers: *El misterio de la conciencia. Intercambios con Daniel Dennett y David J. Chalmers*. Barcelona: Paidós, 1997.

— *Mind, Language, and Society. Philosophy in the real World*. New York: Basic Books, 1998.

SPENGLER, Oswald: *La decadencia de Occidente*. Madrid: Espasa-Austral, 2011.

STARCK, Christian: *Jurisdicción constitucional y Derechos Fundamentales*. Madrid: Dykinson, 2011.

STEIN, Ernildo: «Novos caminhos para uma filosofia da constitucionalidade», presentación de la obra: *Jurisdição Constitucional e Hermenêutica - Uma Nova Crítica do Direito*, 3ª ed. Rio de Janeiro: Forense, 2004.

STRECK, Lenio-Luiz: *Hermenêutica Jurídica e(m) crise: uma exploração hermenêutica da construção do direito*, 5 ª ed. Porto Alegre: Livraria do Advogado, 2004.

STRUCK, Gerhard: *Zur Theorie juristischer Argumentation*. Berlin: Duncker & Humblot, 1977.

TAMAYO Y SALMORÁN, Rolando: *Elementos para una teoría general del derecho*. México: Themis, 1998.

— *Introducción al estudio de la Constitución*. México: Fontamara, 1998.

TARELLO, Giovanni: *L` interpretazione della legge*. Milano: Giuffré, 1980.

TEUBNER, Gunther: *Recht als autopoietisches System*. Frankfurt am Main: Suhrkamp, 1989.

TREVES, Renato: *Il diritto come relazione. Saggio critico sul neokantismo contemporáneo*. Torino: Giappichelli, 1934.

TROPER, Michel: «Kelsen, la théorie de l`interprétation et la structure de l`ordre juridique», en: *Revue internationale de Philosophie*, núm.138, 1981.

— «La nozione di principio sovracostituzionale», en: *Analisi e diritto*, 1996.

— «Una teoría realista dell`interpretazione», en: *Materiali per una Storia della cultura giuridica*, núm. 2, 1999.

VAN CANEGEM, Raoul C.: *Judges, Legislators and Professors. Chapters in European Legal History*. Cambridge: Cambridge University Press, 2002.

VATTIMO, Gianni: *Essere, storia e linguaggio in Heidegger*. Torino: Edizioni di Filosofia, 1963.

— *Introduzione a Heidegger*. Roma-Bari: Laterza, 1971.

— *Ética de la interpretación*. Barcelona: Paidós, 1991.

VELHO, Gilberto: «Violência e Cidadania», en: *DADOS - Revista de Ciências Sociais*, Vol. 23, núm. 3, 1980. Rio de Janeiro: IUPERJ/Campus.

VESTING, Thomas: «Aporien der rechtswissenschaftlichen Formalismus - Hermann Hellers Kritik an der Reinen Rechtslehre», en: *Archiv für Rechts und Sozialpolitik*, Bd. 77, núm.3, 1991.

— «Staatslehre als Wirklichkeitswissenschaft? Zu Hermann Hellers Idee einer politischen Organisation der Gesellschaft», en: *Der Staat*, núm.31, 1992.

VETTER, Helmuth: *Philosophische Hermeneutik. Unterwegs zu Heidegger und Gadamer*. Frankfurt am Main: Peter Lang, 2007.

VON SAVIGNY, Friedrich-Carl: *System des heutigen römischen Rechts*, Bd. I, Frankfurt am Main: Vico Verlag, 2008.

VIEHWEG, Theodor: *Topik und Jurisprudenz. Ein Beitrag zur rechtswissenschaftlichen Grundlagenforschung*, 5ª ed. München: C.H. Beck, 1974.

VILLACORTA CAÑO-VEGA, Antonio: «¿Interpretación jurídica o comprensión jurídica?; al menos: comprender para interpretar», en: *Revista de las Cortes Generales*, núm. 84, 2011.

VILLACORTA MANCEBO, Luis-Quintín: *Principio de igualdad y Estado social. Apuntes para una relación sistemática*. Santander: SPUC, 2006.

— «Preliminar», en: *Postpositivismo*, ed. de Friedrich Müller/ Luis-Quintín Villacorta Mancebo. Santander: TGD, 2008.

— «El giro hermenéutico aceptado por la Teoría estructurante del Derecho», en: *Revista de las Cortes Generales*, núm. 80, 2010.

VILLACORTA MANCEBO Luis-Quintín / VILLACORTA CAÑO-VEGA, Antonio: *Nuevas dimensiones de protección asumidas por los Derechos Fundamentales*. Madrid: Dykinson, 2013.

VIOLA, Francesco: «Tre forme di positivita nel diritto», en: *Diritto positivo e positivita del diritto,* ed. de Giusseppe Zaccaria. Torino: Giappichelli, 1991.

VOLPI, Franco: *Il nichilismo*. Roma-Bari: Laterza, 1996.

VON BOGDANDY, Armin: «Historia y futuro del Derecho Constitucional en Europa», en: *El Derecho Constitucional en el espacio jurídico europeo*, ed. de Armin von Bogdandy/Pedro Cruz Villalón/Peter M. Huber. Valencia: Tirant lo Blanch, 2013.

VON GIERKE, Otto: *Labands Staatsrecht und die deutsche Rechtswissenschaft*. Darmstadt: Wissenschaftliche Buchgesellschaft, 1961.

VON HUMBOLDT, Wilhelm: *Sobre la diversidad de la estructura del lenguaje humano y su influencia sobre el desarrollo espiritual de la humanidad*. Barcelona: Antropos, 1990.

WALUCHOW, Wilfrid J.: *Inclusive Legal Positivism*. Oxford: Clarendon Press, 1994.

WHITEHEAD, Alfred North: *Aventura de las ideas*. Buenos Aires: Compañía Fabril, 1961.

WINDELBAND, Wilhelm: *Geschichte und Naturwissenschaft* (1894), 3ª ed. Strassburg: Heitz & Mündel, 1904.

WINDSCHEID, Bernhard: *Lehrbuch des Pandektenrechts*, 9ª ed. Frankfurt am Main: Rütten & Loening, 1906.

WITTGENSTEIN, Ludwig-Josef-Johann: *Philosophical Investigations*. Oxford: Blackwell Publishers, 2001.

WOLIN, Sheldon S.: «Transgression, Equality, and Voice», en: *Demokratia: A Conversation on Democracies Ancient and Modern*, ed. de Josiah Ober y Charles W. Hedrick. Princeton: Princeton University Press, 1996.

WROBLEWSKI, Jerzy: *Sentido y hecho en el Derecho*. San Sebastián: Universidad del País Vasco, 1989.

ZACHER, Hans F.: «Verrechtlichung im Bereich des Sozialrechts», en: *Verrechtlichung von Wirtschaft, Arbeit und sozialer solidarität*, ed. de Friedrich Kübler. Baden-Baden: Nomos, 1984.

ZAGREBELSKY, Gustavo: «La giurisdizione costituzionale», en: *Manuale di diritto pubblico*, ed. de Augusto Barbera/Giuliano Amato, Vol. II. Bologna: Il Mulino, 1997.

— *La virtud de la duda*. Madrid: Trotta, 2012.

ZELLER, Eduard-Gottlob: *Grundriss der Geschichte der Griechischen Philosophie*. Darmstadt: Nabu Press, 2006.

ZÖCKLER, Christofer: *Dilthey und die Hermeneutik: Diltheys Begründung der Hermeneutik als Praxiswissenschaft und die Geschichte ihrer Rezeption*. Stuttgart: J. B. Metzlersche Verlagsbuchhandlung, 1975.

ZWEIGERT, Konrad / KÖTZ, Hain: *Introducción al Derecho comparado*. Oxford University Press, México, 2002

ZUBIRI APALATEGUI, Xabier: *El hombre y la verdad*. Madrid: Alianza, 1999.